だいわ文庫

ハーバードの
人生を変える授業

タル・ベン・シャハー 著
成瀬まゆみ 訳

JN243107

大和書房

はじめに

私はいつも大学の授業や本の中で、理論を実際に考えたり行動に移してもらったりすることを提案しているのですが、以前より学生や読者の方々から、そのワークをまとめて1冊の本にしてくれないかというご要望をいただいていました。

その声に応えて生まれたのが、この本です。

私が心理学専攻の大学生だったとき、人生に大きな影響を与えた授業は、どれも学んだことを実践に生かすことを勧めるものでした。授業中に教えてもらったことを実際の行動に移すことで、私は理論を自分のものとして吸収することができたのです。私はこの方法を**「リフラクション（反映させて行動する）」**と名づけました。

私自身、大学での講義や公開ワークショップで、リフラクションを多く取り入れています。本物の学びは何かということを真剣に考えていらっしゃる多くの教師や学生の皆さんにも、この方法を試してみられることをお勧めします。

私はこれまで著作の中で「ポジティブ心理学」の理論を説いてきましたが、その理論を皆さん一人ひとりが日常生活に取り入れるために、本書をガイドブックとして使っていただければと思っています。

本書で紹介するワークは、パートナーと一緒に行なうこともできます。1週間分、または毎日行なったワークをお互いに報告し、それぞれの考えや感情を分かちあうのです。またこれらのワークは、読書会やセミナー、職場のグループでも一緒にすることができます。そうした場合、1週間や1カ月に1回といった具合に、グループで自分たちの考えや進み具合を語りあってください。

本書のワークでより効果を上げるためには別にノートを用意するか、コンピュータに専用ファイルをつくることをお勧めします。本書の質問に対する答えを考え、学びを実践することで大きな収穫が得られると思いますが、それと同時に自由に連想し、心に浮かぶあらゆることを書きとめることもとても重要です。

本書のワークを実践することで、ハーバード大学のデイヴィッド・パーキンス教授のいう「生産的知識」を育むことができます。**「生産的知識」とは「単なる知識ではなく、自分たちをとりまく世界をよく理解して、状況にうまく対処するための知識」**のことです。この本のワークを行なうと、経験を増やし、自己の成長を助け、記憶力や理解力を高めることができます。皆さんに体得していただきたいのは、まさにそんな「生産的知識」なのです。

この本をご活用いただき、楽しんでいただければ幸いです。

ハーバードの人生を変える授業　目次

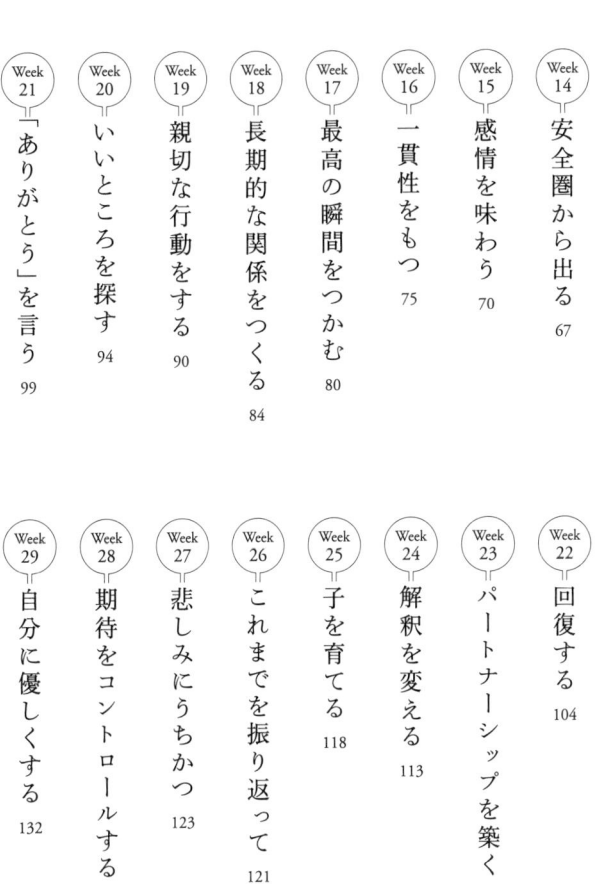

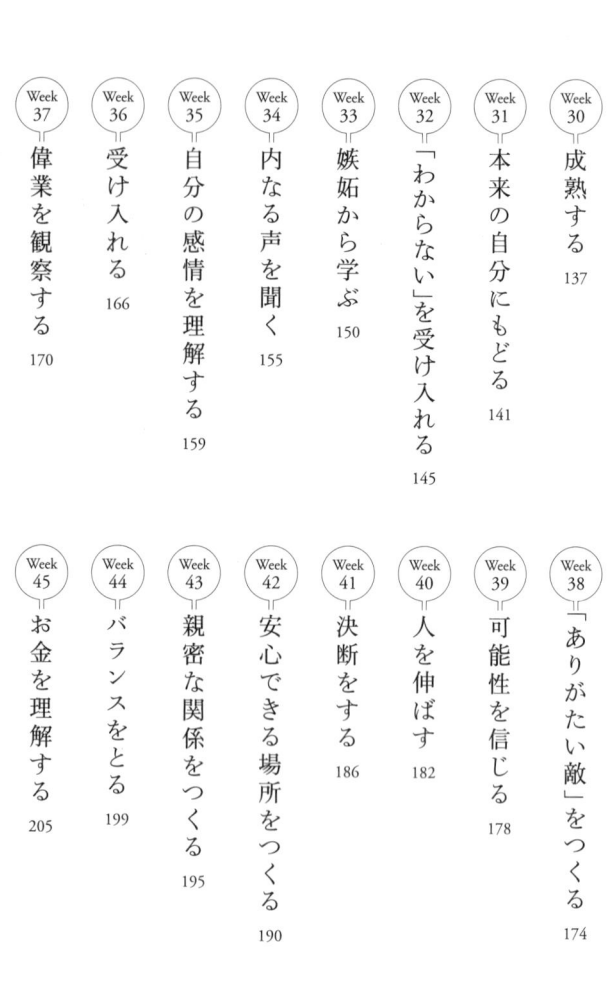

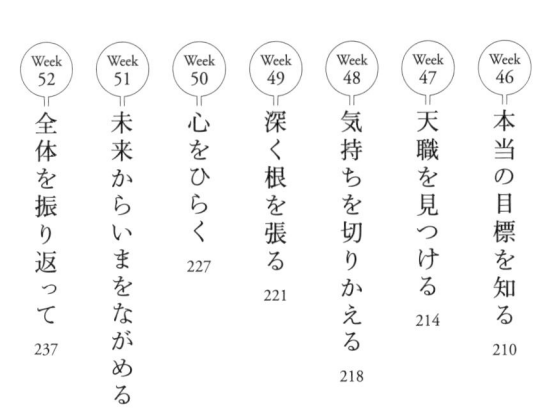

Week 1

感謝する

今週、感謝すること

心理学者のロバート・エモンズとマイケル・マッカローは、一連の研究の中で、被験者を2つのグループに分け、1つのグループには**「ちょっとしたことでもいいので、毎日、感謝できることを5つ書いてもらう」**という実験をしました。

被験者は、感謝の対象として両親やローリング・ストーンズ、朝の目覚めから神さままで、ありとあらゆることをリストに書きこみました。

毎日1～2分、感謝する時間をとったことは思いもかけない効果をもたらしました。感謝できることを考えたグループは、何もしなかったグループに比べて、人生をもっと肯定的に評価できるようになっただけでなく、幸福感が高くなり、ポジティブな気分を味わえるようになりました。

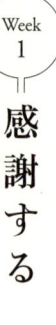

つまり、もっと幸せになって、意志が強くなり、エネルギッシュで楽観的になったわけです。また、人に対してもっと優しくできるようになり、手伝いを積極的に申し出るようになりました。

最終的に、**感謝をしていた人々はよく眠れるようになり、より多く運動をするようになり、身体的な不調も減ったのです。**

エモンズとマッカローの研究が発表される3年前の1999年9月19日から、私はこのワークを毎日行なっています。

息子のデイヴィッドが3歳になったときからは、ちょっと形を変えてこのワークを一緒にするようにしています。

毎晩、私は息子に聞きます。「今日、おもしろいこと、何があった?」そのあと、息子も私に同じ質問をします。夫婦の間でも、お互いのことや一緒にいられることでありがたいと思えることを定期的に確かめあっています。

このワークを習慣にすれば、幸せになるために特別な出来事を必要としなくな

ります。

今日はノートに何を書こうかと思って日々を送ると、ふだん起こるいいことにもっと気づきやすくなるからです。感謝のリストには、大事に思う人の名前や、あなたがしたことや誰かがしてくれたこと、また書いているうちに気がついたことなどもぜひ入れてみてください。

Think

あなたが感謝できることは何ですか。自分の人生でありがたいと思うことは何ですか。

Action

感謝ノートをつくる

この1週間、感謝することを毎日5つ書きとめるようにしてください。このワークで大事なことは、おざなりに行なうのではなく、しっかりと意識をもって行なうことです。

そのためには、**書いていることを目の前に思い浮かべたり、書きながらも**

う一度経験しているように感じたりしてください。

たとえば「両親」と書いたとしたら、両親の姿をきちんと頭の中でイメージしてください。もし「パートナーとの会話」と書いたとしたら、一緒に話したときの感情をもう一度味わうようにしてみましょう。

感謝することを書きとめる作業を1週間続けたら、その後も少なくとも週に1度はこのワークを行なうことをお勧めします。

このワークの恩恵は計りしれません。この本にも毎週、感謝することを書きこむスペースを設けました。

「意識を向けるものは拡大します。恵まれた部分を考えれば、人生はもっとよくなります。何が起きようとも感謝できるようになると、チャンスやいい人間関係、お金までもがもっと流れこんでくるようになりました」

テレビ番組司会者　オプラ・ウィンフリー

Week 2

習慣化する

今週、感謝すること

「変化する」ことは非常に難しいとする研究結果が数多くあります。新しいやり方を学ぶ、新しい行動を取り入れる、あるいは古い習慣を変えるということはどれも大変なことです。

個人であれ、組織であれ、変化しようとするもののほとんどが失敗します。ジム・レーヤーとトニー・シュワルツは『成功と幸せのための4つのエネルギー管理術』（青島淑子訳、阪急コミュニケーションズ）の中で、変化についての興味深い考え方を提唱しています。

変化するために必要なのは、自制心を養うことではなく、習慣を取り入れることだというのです。

習慣をつくる3大要素

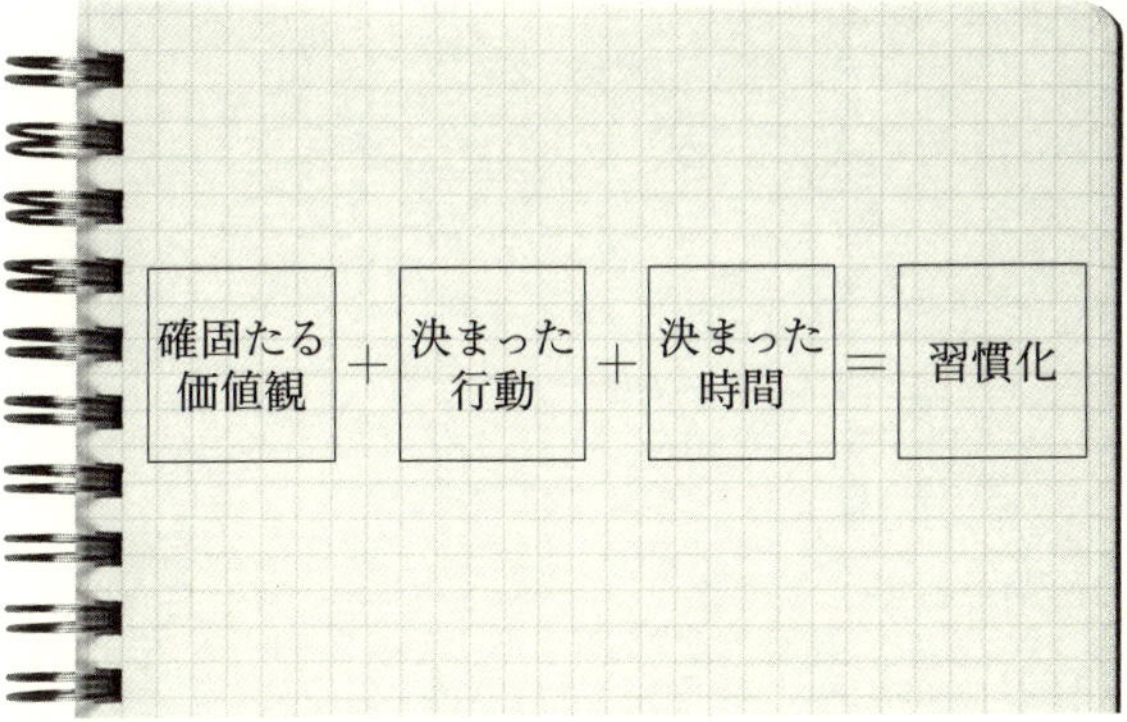

最初に何かを習慣化することは難しいのですが、習慣を続けることは比較的簡単です。

一流のスポーツ選手たちは、毎日決まった時間に競技場に行って、スポーツジムに通い、ストレッチを行なうことを習慣にしています。私たちの大半は、1日に最低2回は歯を磨くことを習慣にしています。歯を磨くことは習慣なので、特別な自制心は必要ありません。変化を起こすためには、それと同じことをしてみましょう。

レーヤーとシュワルツは**「習慣をつくるには、確固たる価値観に基づいて、**

決められた行動を、特定の時間に行なうことが必要である」としています。スポーツ選手にとっては一流であることは非常に価値があることなので、スポーツ選手はトレーニングを習慣にします。私たちにとって、清潔であることは非常に価値があることなので、歯磨きを習慣にしているわけです。

幸福に価値をおき、さらに幸せになりたいと願うのであれば、その思いを中心に習慣をつくる必要があります。

Think

これまで変えようとしてできなかったことは何ですか。取り入れようとしてうまくいかなかった行動や決意は何ですか。

Action

2つの習慣を実行する

これをすればもっと幸せになれると思う2つの習慣を考えてください。毎晩15分間の瞑想をする、毎週火曜日はパートナーとデートする、朝起きて最初に4回深呼吸をする、2日に1度は本当に好きな本を読む、毎週日曜日の午後の2時間を趣味に費やすなど、いろいろ考えられます。
習慣にすることを決めたら、スケジュール帳に書いて実行してください。

新しい習慣をはじめるのは難しいかもしれません。しかし1カ月ぐらい続ければ、新しい習慣は歯を磨くのと同じくらい簡単なことになるでしょう。

この本に書かれていることすべてを「習慣化」することをお勧めします。

1度に1つか2つの習慣を取り入れ、無意識にできるようになるまでは、新たな習慣を取り入れないでください。トニー・シュワルツが述べているように「**野心的になりすぎて失敗するよりも、緩やかに変化し続けるほうが好ましい。成功は、それ自体がさらなる成功の源となる**」のですから。

「繰り返し行なわれることが我々の本質である。さすれば卓越するということは行動ではなく、習慣に現れるものである」

哲学者　アリストテレス

今週、感謝すること

Week 3

運動をする

心と体の相互関係を取り扱う心身医療の分野では、心の健康は大いに運動と関係するという研究が次々となされています。

たとえばデューク大学医学部のマイケル・バビャクらは、うつ病と診断された患者の大半にとって、**週3回、1回30分間の運動を行なうことは、抗うつ剤を服用するのと同じような効果がある**という研究結果を示しました。しかもいったん治療が終了すると、薬物治療を行なったほうの患者は、運動療法を行なった患者に比べ、4倍もの割合でうつ症状を再発しやすいというのです。

では、運動は抗うつ剤を服用するのと同じなのか、というとそうではありません。もっと適切な言い方をすれば、**「運動しない」ことは「憂うつになる薬を服**

用しているのと同じようなもの」なのです。

人間は体を動かすようにできています。私たちは1日中コンピュータの前に座りつづけたり、何日も会議を続けたりするようにはできていないのです。私たちはもともと昼食のために草食動物を追いかけ、自分たち自身がライオンの餌食とならないように走って逃げるようにつくられています。運動をしないと私たちの体は不調をきたし、ビタミンやたんぱく質の不足と同じように、なんらかの症状が現れます。

ハーバード大学医学部の精神科教授であるジョン・レイティは次のように述べています。

「ある意味、運動は医者にとって夢のような治療法といえるでしょう。運動は、うつ病に深く関連する不安やパニック障害、そしてストレス全般に効果があるのです。運動は、精神疾患の最も重要な薬と同様の効果があるノルアドレナリン、セロトニン、ドーパミンといった神経刺激伝達物質の放出を促します。ひと汗かくことは、適量のプロザックやリタリン（代表的な抗うつ剤）を服用するようなもので、心身を正常な状態にしてくれるのです」

そして運動には、自己評価や思考力・免疫力を高める、寿命をのばす、よりよい睡眠が得られる、よりよい性生活を行なえるといった副次的効果があることも ぜひ付け加えさせてください。

うつ症状に悩んでいる場合、もしくはただ単にもっと幸せになりたいというだけの場合でも、この「運動する」という「驚異の薬」をもっと服用すべきなのです。

なお、これは強調しておかなければなりませんが、運動は万能薬ではありません。医学上の薬を服用することが重要な場合もあります。

うつや不安の症状はそれぞれの場合によって異なるので、人によっては運動より薬物治療のほうが効果的なこともあります。

Think

運動した後、あなたはどのように感じますか。どんな運動がいちばん好きですか。

Action

今日からはじめる

運動を習慣にするために、さっそく今日からはじめてみましょう。今月はまず週に3回、10分間のウォーキングからはじめてもいいでしょう。

来月は運動する時間をもう少し長くしてください。最終的には1回につき45分間の運動を週4回できるようにしましょう。

これから半年、どのように運動するかという決意をノートに書きだしてください。

友人や家族と一緒にこの習慣をはじめるのもいいでしょう。誰かと一緒にすることは、この習慣を継続させるのに非常に役立ちます。

「運動のみが魂を支え、そして精神を高揚させる」

古代ローマの政治家・哲学者　キケロ

Week 4

仕事への考え方を変える

今週、感謝すること

心理学者のミハイ・チクセントミハイとジュディス・ルフェーブルは「仕事と遊びの最適体験」と題する論文で、人は仕事より遊びを好むとしています。この結論はそれほど驚くようなものではありませんが、別の事実もわかりました。

それは私たちは遊びのほうを好んでいるにもかかわらず、「フロー」の状態を体験するのは、仕事でのほうが多いという事実です。「フロー」とは「ゾーン」に入った状態、つまり**その行為に完全に没頭し、最高の結果を出し（ピーク・パフォーマンス）、それを心から楽しんでいる状態（ピーク・エクスペリエンス）**のことです。遊びを好きだとする一方で、仕事をしているときのほうがピーク・エクスペリエンスを体験できるという矛盾は、奇妙であると同時にたいへん示唆

仕事でフローを体験する

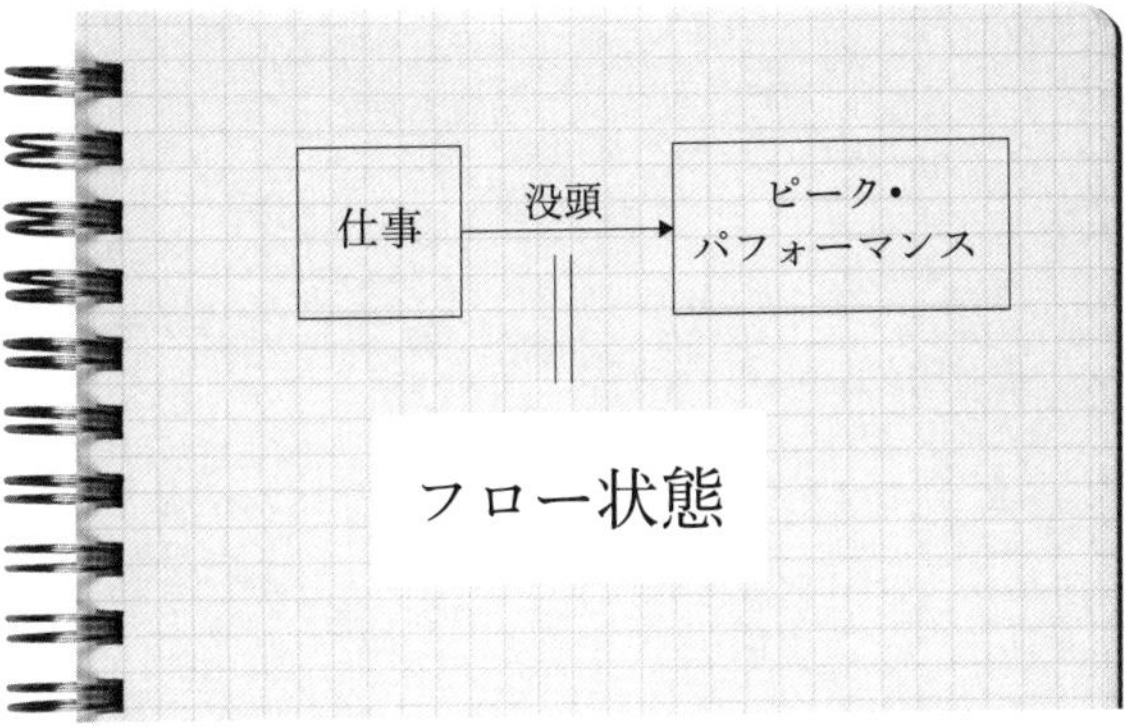

的です。

「仕事はつらい努力が必要なもので、遊びは楽しいもの」といった偏見があまりにも強く定着しているため、人は実際に体験していることを正しく認識することができなくなっています。たとえ仕事で楽しい体験をしても、思いこみでつらい体験として自動的に認識してしまっているのです。

そうなると、幸せになれる可能性はとても制限されてしまいます。**幸せになるためには、ただ楽しさを感じるだけでなく、楽しさを感じていると気づく必要があるからです。**

Think

自分が学校や仕事でしていることを、恩恵だと感じることはできますか。その中で楽しいことは何ですか。楽しんでいますか。仕事を心から楽しんでいる人を知っていますか。

Action

自分のために学びつづける

幸福で成功している人は、ずっと学びつづけています。常に疑問をもち、まわりの世界に対する好奇心をもちつづけているのです。自分のための勉強は、人生のどの時点にいようと、つまり15歳であっても115歳であっても、学生であろうと同じ職場に25年間勤務していようとはじめることができます。

勉強の内容は、次の2つの分野で構成してみてください。「自己啓発」と「仕事に関連する知識習得」です。それぞれの分野において、現在および将来的に役立つことを学ぶようにしましょう。そして**毎日決まった時間を勉強にあてるようにしてください。**たとえば自己啓発のためには、心理学者ナサニエル・ブランデンの著書など、自尊心や自信を高める本を毎日少しずつ読むのもいいでしょう。仕事関係の知識を深めるためには、師として信頼できる人物を見つけ、食事を一緒にして、相談をしたりアドバイスを受けたりしましょう。新しい情報が得られるセミナーなどに参加してみるのもいいでしょう。

自己啓発と仕事の勉強の相関関係を考えてみましょう。どちらの関心も満足させられることや、知識の分野が重なるところはありますか。「仕事」と「遊び」の両方の関心を満たし、あなたが楽しめるようなことを見つけることはできますか。

「何が天職であるかを本質的に教えてくれるのは、内面からの深い喜びがあるかどうかかだ。仕事を苦しみと見なしがちな社会の中で、この考え方は革命的であるが、真実である」

教育者 パーカー・パーマー

Week 5

意義を見いだす

今週、感謝すること

マーバ・コリンズは1970年代初めにシカゴのスラム街で教師をしていました。そこは犯罪と麻薬がはびこる、何の希望も見いだせない地域でした。コリンズは近所の子どもたちのために、中学3年生から高校3年生が学ぶ学校を創設しました。生徒の多くは他の学校を追い出され、学ぶ能力さえないと思われていた子どもたちでした。

しかしその学校の誰もが、4年間でシェークスピアやエマソンを読めるようになったのです。コリンズは20年以上も財政面で苦しみ、学校は何度も閉鎖の危機に追いこまれました。しかし彼女は**最後には幸せな結末が待っていると信じ、信念を見失うことはありませんでした。**

コリンズはある生徒を例にあげて、こう言っています。

「いつの日か世界を照らす彼の瞳の輝きを見るためなら、学校の赤字をどうすればいいのかと眠れない夜を過ごすことなど何でもないことです」

コリンズは金銭的に裕福になることもできました。教育省長官への就任を要請されたことさえありました。しかし彼女は「教える」ことを愛し、教室の中でこそ有意義な仕事ができると信じていたのです。

教師という職業は、他のどんな職業よりもコリンズの人生に意義を与え、お金では買うことのできない満足感をもたらしてくれました。

彼女は自分自身を「世界で最も裕福な女性」であり、教師としての体験は「(金塊貯蔵所がある) フォートノックスのすべての金塊」よりも価値があると感じていました。

富でも名声でもなく、幸せこそが人生の価値を決める「究極の通貨」だからです。

Think

あなたにとって、フォートノックスのすべての金塊より価値があることは何ですか。もしまだそれが見つかっていないなら、あなたの人生を幸福という通貨で豊かにしてくれるものは何だと思いますか。

Action

行動表をつくる

1～2週間、毎日の行動を記録してみましょう。**1日の終わりに、その日何にどのくらいの時間を使ったか書きだしてみるのです。**電子メールの返信に15分間、テレビを見るのに2時間、といった具合です。分単位で区切るような正確なものである必要はありませんが、1日の様子がわかるものでなければなりません。

週の終わりには、それぞれの行動がどれぐらいの意義や楽しみを与えてくれ、どれくらいの時間を費やしたか、一覧表をつくってください。そしてその横に、その行動にもっと時間を費やしたいのか、減らしたいのかを書き入れます。

もっと時間をとりたいのなら「＋」記号を、大幅に増やしたいときは「＋＋」記号を書き入れましょう。時間を減らしたいのであれば「－」記号を、大幅に減らしたいときは「－－」の記号を書き入れてください。現状のままでいいとき、または何かの理由で時間の変更はできない場合は「＝」記号を書き入れましょう。

いまはしていないことで、人生にとっての「究極の通貨」を稼げる行動はありますか。たとえば、週1回映画を観に行くことは、豊かな生活に役立ちますか。週に4時間を関心のある慈善活動に費やしたり、週3回運動したりすることで、あなたはもっと幸せになれますか。

何らかの制約があり、大きな変化を取り入れられない場合は、できることでベストを尽くしてください。私は「短時間でできる、現在にも将来にも有益な行動」のことを「ハピネス・ブースター（幸福感増幅行動）」と呼んでいます。あなたはどんなハピネス・ブースターを生活に取り入れることができますか。

たとえば、通勤に1時間かかり、その時間が退屈ならば、**通勤中に何らかの意義と楽しみのある活動をしてみましょう。**車通勤なら、運転中にオーディオブックや好きな音楽を聴くのもいいですし、車の代わりに電車を利用すれば読書ができます。このように、時間の使い方を楽しく有意義に変えることを習慣化してください。

「意義のあるささいなことは、意義のない偉大なことよりも、人生にとってずっと大切だ」

心理学者　カール・ユング

Week 6

思いやりの心をもつ

今週、感謝すること

18世紀ドイツの哲学者イマヌエル・カントは、「道徳的価値のある行為は、義務感から行なわれるものである」としています。とすると、「自らの利益のために何かを行なうことは、道徳的な行為とはなり得ない」ということになります。

カントと同様に、「自己犠牲が道徳の源である」とする多くの哲学者や宗教は、自分の利益のための行動は、必然的に他者の利益を侵害するとしています。つまり利己的傾向を押しとどめなければ、他の人を傷つけ、その人たちの望んでいることを無視することになるというのです。

しかし、自分の利益と他者の利益のどちらかを選ばなくてはいけないという考え方は間違っています。人を助けることと自分のために行動すること、その2つは密接に絡みあっています。

つまり**他者の役に立てば立つほど、私たちの幸福感は大きくなっていきます。**そして自分が幸せになればなるほど、さらに他の人のためにも何かしたいと思うようになるのです。

Think

与えることと受け取ることは、1枚のコインの裏表のようなものです。あなたは気軽に人のために何かをしてあげられますか。そして抵抗なく人の好意を受け取ることはできますか。

Action

「思いやりの瞑想」をする

静かな場所を見つけ、いすか床の上に足を組んで座りましょう。首と背中をまっすぐにし、心地よい状態になるようにしてください。眼は閉じていても開いたままでもかまいません。鼻や口から深く息を吸いこみ、心を落ち着かせ、お腹の奥まで空気を満たしてから、ゆっくりと息を鼻や口から吐き出してください。

さあ、**誰かのために思いやりのある行動をし、感謝されたときのことを思い出し、心の目でその人の反応を思い返してください。**そして、その反応をしっかりと感じてください。

それから、自分の感情をじっくりと味わい、幸福感が広がっていくのを感じてください。他の人のうれしそうな反応と自分自身の感情をじっくりと味わいながら、自分のためにすることと人の役に立つことの間にあるニセモノの壁を打ち破るのです。

次に、今後、人との関わりの中でできることを考えてみましょう。友人にアイデアを教えてあげることや、愛する人に花を贈ること、子どもに本を読んであげること、支援している団体に寄付すること……。

そうした思いやりの行動がもたらす深い幸福感を体感してください。**思いやりについて定期的に瞑想することは心と体の健康を増進し、私たちをさらに思いやりの深い人間にしてくれます。**

他にも、もっとできそうな思いやりの行動を書きだしてみましょう。

「心から人の役に立とうとすれば結果として自分自身のためにもなるということは、人生における最も美しい報酬のかたちである」

哲学者・思想家　ラルフ・ウォルドー・エマソン

瞑想を習慣化する

感謝されたときのことを思い出し、
心の目で相手の様子をじっくりと観察する

©SKYWALKER / TAGSTOCK

「思いやりの瞑想」は心が落ち着ける静かな場所で、リラックスして行なってください。

Week 7

困難から学ぶ

今週、感謝すること

私たちの社会、とくにアメリカは、「幸せでなければならない」という思いこみにとらわれていると批評されることがあります。

その場しのぎの問題解決法や、苦痛のない人生のための自己啓発本が空前の売れ行きをみせ、人々は感情的な苦痛を覚えるとすぐに精神科の薬を求めに走ります。

その意味では、こうした批評は当たっているといえるでしょう。しかし正確にいうと、人々がとらわれている思いこみは「幸せでなければならない」というよりも、「楽しさがすべて」というものです。

社会に満ちたその場しのぎの解決法は、私たちの「意義」への欲求を無視しています。

本当に幸福になるためには、ある種の自己啓発本や精神科の薬が回避しようとするような、不快な感情やつらい体験が必要です。

人は困難を克服することで幸福になれるのです。

精神科医ヴィクトール・フランクルは次のように述べています。

「人間が本当に必要としているのは不安のない状態ではなく、価値ある目標のために努力することである。人間に必要なのは何としてでも不安を取り除くことではなく、意義の達成に使命を感じることである」

人は困難な時期があるからこそ、より大きな喜びを感じられるようになるということを忘れてはなりません。困難こそが、人生におけるすべての喜びへの感謝の気持ちをつくり、この感謝の気持ちこそが、真の生きがいや喜びの源になるのです。

Think

大変だったり、つらかったりした経験を思い返してみてください。そこからあなたは何を学びましたか。どのように成長したでしょうか。

Action

過去の経験を書きだす

テキサス大学のジェームズ・ペネベーカーは、**つらかった経験を書きだすことによって、気持ちの整理がつきやすくなる**ことを立証しました。被験者に4日間連続で毎日15分から20分間、怒りを感じたり、トラウマとなったりした経験について書いてもらうという実験をしたのです。

被験者には秘密を守ることを約束し、できるかぎり心のうちをさらけだしてもらうようにしました。4日間で合計1時間程度、この書くという作業に時間を使ったことにより、被験者の不安感は驚くほど減少し、幸福感が増し、健康状態も改善しました。

これから4日間、次のペネベーカーの指示にしたがって、毎日15分から20

分、あなたにとってつらかったことを書きだしてみましょう。

「人生で最も怒りを感じたり、トラウマとなったりした経験を書きつづけます。文法や文字の間違い、文章構成などを気にしてはいけません。その体験について心の奥底でどのように思い、感じているでしょうか？　あなたにとって大きな影響があったものなら、何を書いてもかまいません。他の人にはあまり語っていないことが理想的ですが、**何より大切なのは最も深いところにある感情や思いと向きあうことです。**何が起こり、どう感じたか、そしていまどう思っているかを書いてください。毎日異なる出来事について書いてもいいですし、ずっと同じ体験について書いてもかまいません。どのようなトラウマ体験を書くかは、まったくあなたの自由です」

「傷ついたことを完全に表現してはじめて、私たちは癒される」

作家　マルセル・プルースト

今週、感謝すること

Week 8

すべてをシンプルにする

誰もが時間に追われています。それがうつ病が増えている主な原因だともいわれています。大学院時代、私は学生のサポートをするチューターをしていて、学部生が履歴書を書くのを6年間手伝いました。毎年毎年、学生の業績が、少なくとも紙の上では、前の年の学生より立派になっていくことには驚いたものです。はじめは学生たちのすばらしさに感銘を受けました。しかしある日、私は気がついたのです。

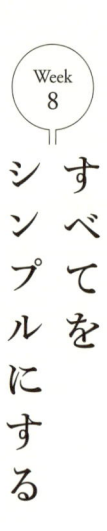

より小さなフォントを使用し、より派手な見出しをつけて1枚の紙に凝縮した業績をつくるために、みんなどれほど大きな精神的代償を払っていることかと。

事実、大学生に関する全国的な調査によると、彼らのうち95%が「しなければ

生活を簡素化する

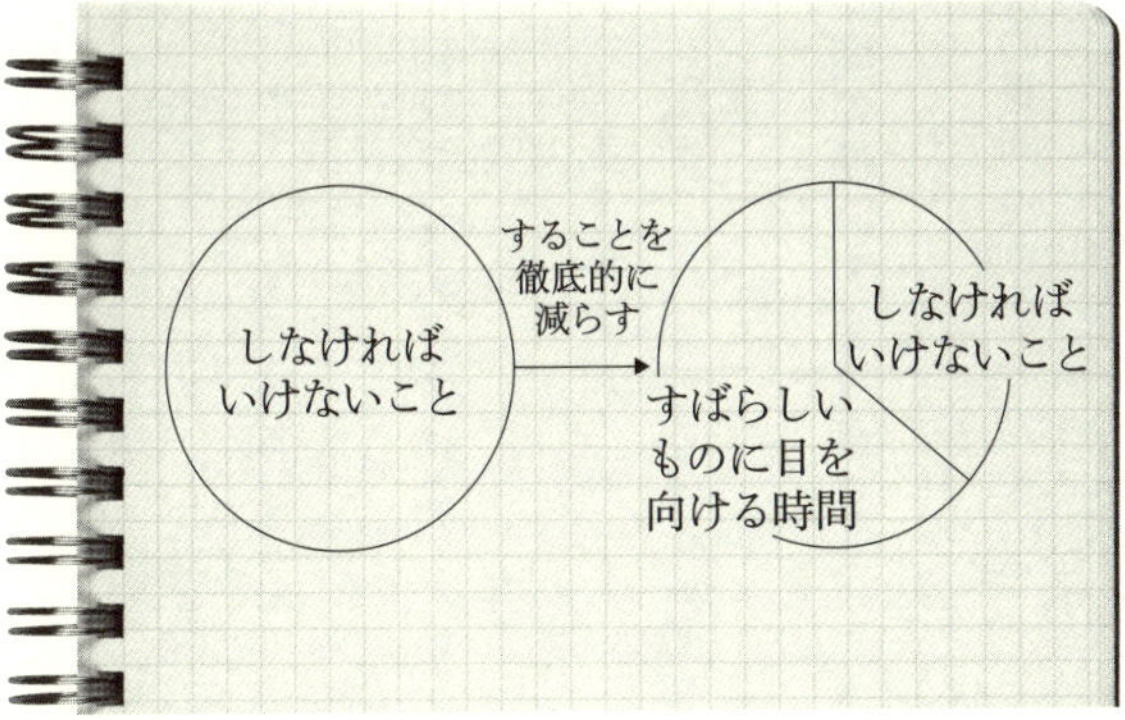

ならないことによって押しつぶされそうだ」と感じているそうです。

私たちはたくさんの活動を日々の生活に押しこむことによって、忙しくなりすぎています。その結果、私たちのまわりにある、幸せという「究極の通貨」となり得るものに気づくことなく過ごしているのです。

仕事、授業、1曲の音楽、すばらしい景色、親友、もしくは子どものすばらしささえも見失っています。

私たちの多くが、この多忙な競争社会の中で暮らしています。では、その中でどうしたら生活をより楽しむことができるようになるのでしょうか。

これについては、残念な事実とうれしい事実があります。

残念な事実というのは、これを解決する特効薬のようなものはない、ということです。私たちは生活を簡素化し、テンポを遅くするしかありません。

そしてうれしい事実とは、**することを減らして生活をシンプルにしても、成功は妨げられるわけではない**ということです。

Think

どのような分野や活動において時間に追われることが、あなたの幸福感を阻害しているでしょうか。

Action

時間の使い方を見直す

過去1～2週間の行動を書きだしてみましょう。**そのリストを見ながら、次の質問に答えてください。**

「どの部分を簡素化できるか」

「何をやめられるか」

「インターネットやテレビを見るのに時間を使いすぎてはいないか」

「仕事の会議の回数や時間を減らすことはできないか」

「断れることを引き受けてはいないか」

生活の中の「ビジネス（business）＝忙しすぎ（busyness）」を減らしましょう。**「意義」と「楽しみ」の両方を感じられる活動**に没頭する時間を定期的にとるようにしましょう。

たとえば、家族と一緒に過ごす、ガーデニングをする、ひとつのプロジェクトに集中する、瞑想する、映画を観るなどです。

「シンプルに！　シンプルに！　シンプルに！　することを二つか三つに絞るのです。百や千では多すぎます。百万ではなく、半ダースで十分です」

作家　ヘンリー・D・ソロー

Week 9

プロセスを楽しむ

今週、感謝すること

いつも幸せでいたいと思っていると、失敗や失望感を招くことになります。将来のより大きな利益のために、現時点での利益をあきらめることも必要ですし、どんな生活においても日常的なつまらない作業を省くことはできません。試験勉強をしたり、将来のために貯蓄したり、または就職して1週間に何十時間も働くことは、楽しくない場合も多いでしょう。

しかしそうした行動を続ければ、長期的な幸福を得ることができます。大切なのは、**たとえ現在の利益を将来のより大きな利益のためにあきらめることになっても、できるだけ将来の役に立つ活動に時間をかける**ことです。

とはいえ、ときには快楽主義者になるのもいいことです。現時点の利益に焦点をあてることは元気をとりもどすのに役立ちます。ビーチで寝そべる、ピザを食べてからチョコレートサンデーをデザートにする、テレビを見る……たまにはそんなふうにリラックスして、のんびり楽しむことで私たちはもっと幸せになれます。

Think

将来の役に立ち、現在も楽しめる活動をしたことを思い出してみましょう。1回のみの経験であっても、長期にわたるものであってもかまいません。

Action

ライフスタイルを分類する

次に述べる4つのライフスタイルについて、考えてみてください。**あなたがそのライフスタイルを選んでいた体験や期間について、4日間連続して、少なくとも1日15分間を使って書いてみましょう。**1日、1つのライフスタイルについてのみ書いてください。もし、1つのライフスタイルについて4

日間連続して詳しく書きたいと思うのであれば、そうしてもかまいません。

文法や文字の間違いは気にせず、ただ書いてみましょう。

感情（当時どう感じていたか、そしていま、どのように感じているか）、行動（どんな行動をしていたか）、考え方（当時どう考えていたか、そしていま、どんなふうに考えているか）を全部含めて書くことが大切です。各モデルの説明は次のとおりです。

出世競争型

つねに将来の目標を追い求め、激しい競争の中に身をおき、毎日の生活を楽しむことができなかった時期について書いてください。どうしてそのように生きていたのでしょうか。そのように生きることによって得られた利益とはどんなものでしたか。また、そのためにどんな代償を払いましたか。

快楽型

結果を考えることなく、目の前の楽しみだけを求める快楽主義者として過ごした時期、および快楽主義的な体験について書いてください。そのように生きたことから何が得られたでしょうか。また、そのためにどんな代償を払いましたか。

悲観型

悲観的になって投げだしてしまった体験、もしくは無力感にとらわれていた期間について書いてください。そしてそのときに感じた心の奥底の感情や考えを書いてください。書いている途中に湧いてくる気持ちや考えも書きだしてください。

幸福型

とても幸せだった時期や幸せを感じた体験について書いてください。あたかもそのただ中にいるかのように想像し、そのときと同じ感情をもう一度味わってみてください。そして、そのときの気持ちを書いてください。

「私たちは休むことなく登りつづけるようにできています。たとえそこが谷底であっても、山の頂であっても」

政治家　ジョン・ガードナー

Week 10

理解し、理解される

今週、感謝すること

世界的に離婚率が高まっていますが、その根底には、愛とは何か、愛には何が必要かということについての基本的な誤解があります。多くの人が性的欲望を真の愛と取り違えているのです。

性的な魅力は情熱的な愛に必要ですが、それだけでは十分ではありません。

パートナーが客観的にいかに魅力的であっても、またお互いがどれほど主観的に惹かれあっていたとしても、最初のころに感じた興奮や肉体的な魅力はやがて色あせていきます。刺激的な目新しさは薄れていき、一緒に暮らしているパートナーはしだいに慣れ親しんだ存在となっていきます。

しかし**この「慣れ親しんだ関係」こそが、じつは大きな恩恵をもたらしてくれ**

るのです。肉体的刺激が薄れる一方で、パートナーとなじみ、相手のことを本当によく知るようになれば、より深い親密さが生まれます。これによって愛が育まれ、よりよい性生活も送れるようになります。

結婚カウンセリングやセックス・セラピーの分野で画期的な業績をあげているデイヴィッド・シュナーチは著書『パッショネイト・マリッジ』（竹内泰之他訳、作品社）の中で、「セックスと情熱の減少は身体的、生物学的欲求の低下が原因である」とするこの分野の常識に疑問を呈しています。セックスが本当にそれだけのものであるのなら、長期にわたる情熱的関係は存在しないことになってしまいます。

何十年にもわたるカップルのセラピーを通じ、シュナーチはパートナーのことをもっとよく知り、相手からももっと理解されたいということに関心をもちつづけるなら、性生活はさらに充実していくということを実証しました。

シュナーチは、**純粋な親密さを育てるためには、「評価されたい」と思うことから、「理解されたい」と思うことへ焦点を移す必要がある**としています。長期にわたる関係で愛と情熱をもちつづけるには、心の奥底にある本当の自分自身をさらけだすことが不可欠です。

心のうちを見せ、その奥底にある欲望や恐れ、性的願望や人生の夢をパートナーと分かちあうのです。お互いをよくわかりあうことに関心をおけば、レストランで会話をするにしろ、ベッドで愛しあうにしろ、ふたりで一緒にいることがとても意義深く、また楽しいものとなるでしょう。

Think

どうしたらパートナーがあなたのことをもっと理解できるようになるでしょう？　また、あなたがパートナーをもっと理解するにはどうしたらよいでしょうか。

Action

共通体験を振り返る

夫婦関係を専門とするジョン・ゴットマンは、パートナー同士がこれまでの自分たちの歩んできた道をどう言い表すかによって、ふたりの関係がうまくいくかどうかを予測することができると言います。

カップルが一緒に過ごした時間の中で、幸せだった時間に関心を寄せ、過去を好ましいものとしているなら、ふたりの関係は今後も続く可能性が大きいです。過去や現在の、意義がある楽しい体験に焦点をあてることは、お互いの結びつきを強め、関係性を改善します。

ここでは、**意義と楽しみの両方が揃った共通体験に焦点をあてながら、ふたりの関係のいいところを書きだしてみましょう。**

どんなふうに相手と出会ったとか、昨日何をしたといったことを書いてみましょう。物事のいい面に注目することが、いい結果を引き出してくれます。今日、明日、そして来週、さらにこの先10年、20年、ふたりの関係をより幸せなものとするためにどんなことができるでしょうか。

「喜びは分かちあうもの。幸福は対をなして生まれる」

詩人　バイロン

Week 11

失敗から学ぶ

今週、感謝すること

臨床心理学者であるリチャード・ベドナーとスコット・ピーターソンは自尊心に関する共著の中で、コーピング（失敗の危険を冒しながら、困難なことに積極的に対処しようとすること）が自信を強めると報告しています。

失敗するかもしれないからと挑戦を避けていては、自分自身に対して「自分は困難なことや失敗に対処することができない」というメッセージを送りつづけていることになります。その結果、自尊心は損なわれてしまいます。

困難に挑戦することは、「自分は失敗を恐れないし、たとえ失敗してもすぐに立ち直れる」というメッセージとなり、心に深く届きます。**あきらめずに立ち向かうことは、勝ち負けや、失敗か成功かという結果よりも、自尊心にとって、長**

期的にいい結果をもたらすのです。

また逆説的ですが、自分は失敗に対処できるという自信は、「失敗すること」により強化されます。なぜなら、私たちがずっと怖がってきた失敗という化け物は、考えているほど恐ろしいものではないからです。オズの魔法使いがカーテンの後ろから現れてみると、まったく恐れるに足る相手ではなかったように、失敗も、実際に直面するとたいしたものではありません。**実際に失敗したときのつらさよりも、失敗するかもしれないと感じるときの恐怖のほうが、じつは私たちを痛めつけるのです。**

ハリー・ポッター・シリーズの作者J・K・ローリングは、失敗の価値について、2008年にハーバード大学の卒業式で行なった講演で次のように述べています。

「失敗は不要なものを削ぎ落としてくれます。〔中略〕私は自由になれました。最も恐れていたことが現実となりましたが、それでも私はまだ生きていました。私には愛する娘がいて、古いタイプライターと、途方もないアイデアが残っていました。そのどん底の状況が、私が人生を立て直す強固な基盤となりました。〔中略〕失敗は、試験に合格することでは得られなかった心の平安をもたらしてくれました。失敗がなければ自分自身について深く学ぶこともできなかったでしょう。私には強い意志と、思っていた以上の自制心があることがわかりました。また宝石のルビーよりも価値のある友人たちに恵まれていることもわかりました。〔中略〕**失敗からより賢く、強くなったということに気づけば、これからもずっと生き延びていけると自信をもつことができます。**人は逆境で試されて初めて、真の自分自身や人間関係の強さを知るのです」

実際に失敗を経験し、それを超えることによってのみ、失敗にどう対処するかを学ぶことができます。困難や障害と向きあうのが早ければ早いほど、人生の避けられない障害にうまく対処できるようになるのです。

Think

過去に、思い切って挑戦したことを考えてみてください。その経験からあなたは何を学びましたか。そしてどのように成長したでしょうか。

Action

つらさを見つめる

心理学者のシェリー・カーソンとエレン・ランガーは「没頭と自己受容」に関する研究において、こう述べています。「自分の過ちをじっくり検証して失敗から学べば、自分自身とまわりの世界についての観察力が強まり、自分が犯した過ちと自分自身を許すことができ、未来の成長の指標として感謝できるようになる」。

今週1週間、毎日15分間かけて、失敗した経験やその状況について書いてみましょう。何をしたか、心にどんな思いがよぎったか、そのときどう感じたか、そしてそれを書いているいま、どのように感じているかを書いてください。

時間がたつことによって、その出来事に対するあなたの見方は変わりましたか。その経験から何を学びましたか。その他、その経験を価値あるものと考えられるような、どんないいことがあったでしょうか？

「大胆に行動すれば、一時的に足場を失う。大胆さがなければ、自分自身を失う」

哲学者　セーレン・キルケゴール

Week 12

完璧主義を手放す

完璧主義と最善主義（現実の制約の中で最善を尽くそうという考え方）についてここで考えてみましょう。

完璧主義と最善主義のいちばんの違いは、前者が現実を拒絶する考え方であるのに対して、後者は現実を受け入れる考え方だということです。

完璧主義者は、どんなことでも、ゴールまでの道のりはまっすぐで何の障害もないものだと思いこんでいます。そのため、そうでないとき、たとえば仕事に失敗するなど物事が思いどおりにいかないとき、イライラしてうまく対処することができません。

それに対して、最善主義者は、**失敗は人生の自然な一部分であり、成功につな**

がる欠かせない要素だと理解しています。望みの職につけなかったり、パートナーとケンカをしたりすることも、満ち足りた人生の一部だととらえています。

完璧主義者は現実を否定して、それを空想の世界で置き換えます。失敗というものがなく、痛みもない世界。しかし現実には失敗の可能性はつねにあるため、失敗を否定していると、つねに不安に苛《さいな》まれることになります。不快な感情を拒否することは、かえってその感情を増幅することになり、もっとつらさを感じることになるのです。

現実世界の否定は、非合理的で非現実的な成功の基準を設けることにつながります。完璧主義者はその基準を達成できずに、いつも欲求不満であったり、何かにつけ十分でないと思ってしまうような不全感に悩まされています。

それに対して最善主義者は、現実を受け入れることにより、豊かで満たされた人生を送ることができます。**失敗を楽しむまではできないにしても、自然なこととして受け入れ、心配をあまりせずに活動を楽しむことができるのです。**生きている限りつらい感情はあって当然と思っているので、抑えこんでネガティブな感情を増幅させることもありません。つらい感情を味わい、そこから学び、そして動きだします。
また、現実世界の限界と制約を知っているので、達成できる目標を設定します。それによって成功を手に入れ、味わい、楽しむことができるのです。

Think

生活の中で、あなたが最善主義者になりやすい分野はありますか？　完璧主義者になってしまいがちな分野はありますか？

Action

最善主義を身につける

62ページの対比表を見て、**自分の生活の中で、「完璧主義」と「最善主義」のどちらかの考え方にしたがって行動した経験について、それぞれ書きだしてみてください。**自分のやり方を変えることはできるでしょうか。もし完璧主義者のような態度をとっていたときがあるなら、そのとき最善主義者のように考えていたとしたら、どういった行動がとれたでしょうか。

「冬のまっただなかでも、私の中にあるまだ見ぬ夏に気づくようになった」

作家　アルベール・カミュ

完璧主義者と最善主義者の違い

完璧主義者

- 失敗を拒否する
- つらい感情を拒否する
- 成功を拒否する
- 現実を拒否する

最善主義者

- 失敗を受け入れる
- つらい感情を受け入れる
- 成功を受け入れる
- 現実を受け入れる

現実を拒否していると、永久に幸せにはなれない。

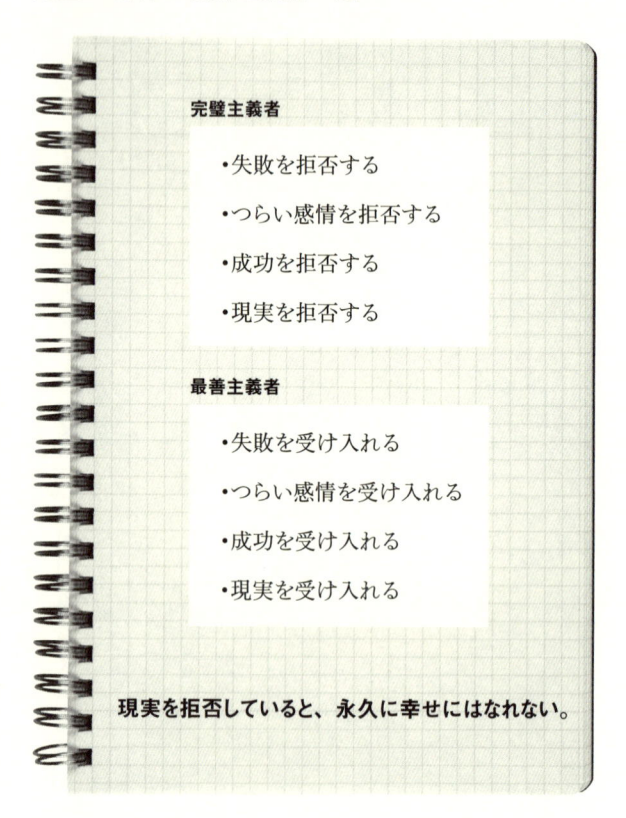

Week 13

価値ある行動をする

今週、感謝すること

「80対20の法則」は、イタリアの経済学者ヴィルフレード・パレートにより提唱されたものです。

これは一般的には、「ある国の総人口のうち20%がその国の富の80%を所有している」とか、「ある会社の顧客の20%が会社の収益の80%を生みだしている」といった法則のことで、別名「パレートの法則」としても知られています。

リチャード・コッチとマルク・マンシーニによると、この法則は時間管理にも応用できるといいます。

彼らは「**20%の時間に努力を注ぐことで、期待する80%の結果は得られるであろう、**それにより時間をもっと有効に使えるようになる」と説いています。これはたとえば、完璧なレポートを書くのに2、3時間かけるのであれば、30分で及第するレポートを書くことができるのではないか、というものです。

学生時代、私は教授たちが出す課題図書をすべて一字一句読むといった完璧主義者でした。

しかし、ある時点でこれをやめて、「パレートの法則」を取り入れはじめました。大部分の課題図書を拾い読みし、その中で最も「努力に見合う価値のある」20%の本を選び、集中することにしました。「いい成績を修めたい」という私の思いが変わったわけではありません。変わったのは「A以外の成績はあり得ない」という完璧主義的な考え方です。

最初のうち私の成績は少しばかり下がりましたが、スカッシュをしたり、人前で話す能力を磨いたり、友人たちと過ごしたりといった学業以外の大切な活動に以前より多くの時間を使えるようになりました。

その結果、それまでの2年間よりずっと幸せを感じただけでなく、成績という狭い視点ではなく、その期間を人生の中で全体的にとらえた場合の「成功度」を高めることができました。

この「80対20の法則」はいまも私のキャリアにとって役に立ちつづけています。

Think

「80対20の法則」に基づいて時間配分を考えてみましょう。あなたはどの行動を減らすことができますか。どの部分にもっと時間を使いたいですか。

Action

「大事な2割」を知る

あなたにとって最も意義深く、楽しいこと、あなたを最高に幸せにしてくれることのリストをつくってください。たとえば、家族との時間、運動、音楽を聴く、世界規模の人権擁護活動に参加するなどがあげられるでしょう。

リストの各項目のとなりには、毎週または毎月どれくらいの時間をその活動に使っているかを書きだします。

あなたは**自分が大切にしている価値観に基づいて生きているか**考えてみま

しょう。

パートナーや子どもたちと価値ある時間を過ごしていますか。1週間に3回は運動していますか。人々の自由を広げるための組織で活動していますか。自宅で音楽を聴いたり、コンサートに行くために時間をとったりしていますか。

次に、そのリストに80対20の法則をどのように応用できるか考えてみましょう。**優先順位をつけ、80%の満足感を与えてくれる20%を選んでください。**

このワークは私たちの人生を映し出します。価値をおいていることと実際の生き方が一致しているか、一貫性があるかどうかを判断する手助けとなります。一貫性の度合いが高まれば、幸福感も高まります。

> **「未来を予測する最良の方法は、自らそれを創造することである」**
>
> **『7つの習慣』著者　スティーヴン・コヴィー**

Week 14

安全圏から出る

今週、感謝すること

心理学者のダリル・ベムは、自分が自分のことをどう考えるかを決めるのは、他の人をどう考えるかを決めるのと同じ方法、つまり「観察」という方法によるということを発表しました。

人を助ける男性を見たら、私たちは親切な人だと思い、信じるもののために立ちあがる女性を見たら、信念をもった勇気ある人だと考えます。

同じように、人は自分自身についても、自らの行動を観察することによってどう考えるかを判断します。

人に親切にしたり勇気ある行動をしたりすれば、自分自身に対する考え方が変わり、自分をより親切で、より勇気ある人間だと感じるようになるでしょう。

この心理過程（ベムは「自己知覚理論」と呼んでいます）により、人はある程度の時間をかければ、行動によって自分に対する考え方を変えることができます。「完璧主義」もひとつの考え方ですから、行動を変えれば、完璧主義も変えることができます。

Think

人生の中で繰り返している、他人や自分自身に対するあなたの行動について考えてみてください。それらの行動パターンを考えると、自分はどのような人間だといえますか。

Action

やりたかったことをやる

ずっとやりたいと思っていながら、失敗を恐れてやらないできたことは何でしょう。ぜひそれをやってみてください。

芝居のオーディションを受ける、スポーツチームの入団テストを受ける、誰かをデートに誘う、書きたいと思っていた論文や本を書きはじめるといったことでもかまいません。

行動するときには、最善主義を取り入れてください。

最初はぎこちないかもしれません。

ですが、**安全圏（コンフォートゾーン）を超えて冒険をし、人に助けてもらったりフィードバックをもらったりして、たとえ失敗しても気にしないでください。**安全圏から出たとき、あなたはどんなことを感じ、考え、どんな行動をとるでしょうか。

「物事をはじめるには、話をやめ、行動を開始することだ」

ウォルト・ディズニー

Week 15

感情を味わう

今週、感謝すること

私たちは子ども時代、うれしくてもつらくても、感情を隠し、抑えこむことを学びます。まわりの大人から、次のようなことを言われた記憶はないでしょうか。

「男の子なら泣いてはいけない」

「ちょっとうまくいったからといって有頂天になってはいけない」

「他の人がもっているものをほしがってはいけない」

「誰かに魅力を感じても、その憧れの気持ちを外に表すことは下品だ」

また、自分の気持ちを言葉や態度で伝えようとする際に神経質になってオドオドするのも恰好悪いと言われたかもしれません。

子ども時代や若いころに身につけた考え方を変えるのは難しいことです。私た

ちの多くが素直に感情を出せない理由はそこにあります。

誰かれかまわず気持ちを打ち明ける必要はありませんが、できるだけ感情を表に出す手段や機会をつくってください。怒っていることや不安に思うことを友人に話したり、怖れていることや嫉妬していることを日記に書いたりするのもいいでしょう。

同じような問題で悩んでいる人々の支援グループに入ったりすることもできます。そしてときにはひとりで、またはあなたのことを大切に思ってくれている誰かの前で、涙を流しましょう。それが悲しみの涙であろうとも、喜びの涙であろうとも。

Think

幼いころ、感情を表現するように、または抑えるように言われた経験はありますか。うれしい気持ちであれ、つらい気持ちであれ、感情を表現するにはどんな方法がありますか。

Action

人間らしさを受け入れる

自分の感じていることにしっかりと向きあうことによって、つらい感情を解放することができます。

西洋と東洋の心理学の両方を取り入れているセラピストのタラ・ベネット＝ゴールマンは次のように書いています。

「しっかり向き合うということは、物事を何も変えようとせず、あるがままに見ることです。そのときに感じていることを否定したり、感情を遮断したりしないでください。**つらい感情に焦点をおき、開かれた心で受け入れ、しっかり味わうことで、そのつらさを解消することができるのです**」

たとえば、観衆の前でものすごくあがってしまうのであれば、目を閉じて舞台の上の自分を想像してください。誰かを亡くし、時がたっても癒されないのなら、亡くなった人のとなりに座っているか、別れを告げている自分を想像してみてください。

不安感や悲しみといった感情を、特別な状況を想像することなく味わってもいいです。**感情が湧いてきたら、変えようとすることなく数分間その気持ちに浸ってみましょう。**

このワークの間、できるだけ深く静かな呼吸を続けてください。

他のことを考えてしまったときは、想像したり感じたりしていることに静かにもどって、呼吸を続けましょう。涙が出てきたら泣きましょう。怒りや失望や喜びといったいろんな感情が出てきてもそのままにしてください。

声が詰まったり、心臓の鼓動が速くなったりといった体の特定の部位に何かの反応が出てきた場合は、その場所に注意を向け、反応を変えようとはせずに、そこに息を吹きこむようにイメージしてください。

このワークは、感情をもつことを許すためのワークです。ある出来事についていろいろと思いをめぐらすというよりは、ただ味わうようにします。感情を理解したり、**変えようとしたりするのではなく、あるがままに受け入れ、その感情に寄り添う**ようにしてください。

「思い切り泣けない人は、思い切り笑うこともできない」

イスラエル元首相　ゴルダ・メイア

今週、感謝すること

Week 16

一貫性をもつ

「言行一致」とは、「言っていることとやっていることに相違がない」ということです。たとえばそれは、政治家が選挙前にした公約を任期中に実行したり、私たちが友人とのランチの約束の時間を守ったりすることです。政治家が何百万人もの人に対して掲げた公約が重要であるのと同様、私たちがレストランに何時に行くと友人にした約束も重要です。

完璧な人などいません。誰もが約束の時間に遅れたり、約束したことを守れなかったりします。

ですから問題は、**その人が自分の言ったことをすべて実行しているかどうかではなく、どの程度実行しているか**ということです。

一貫性をもてば好循環が生まれる

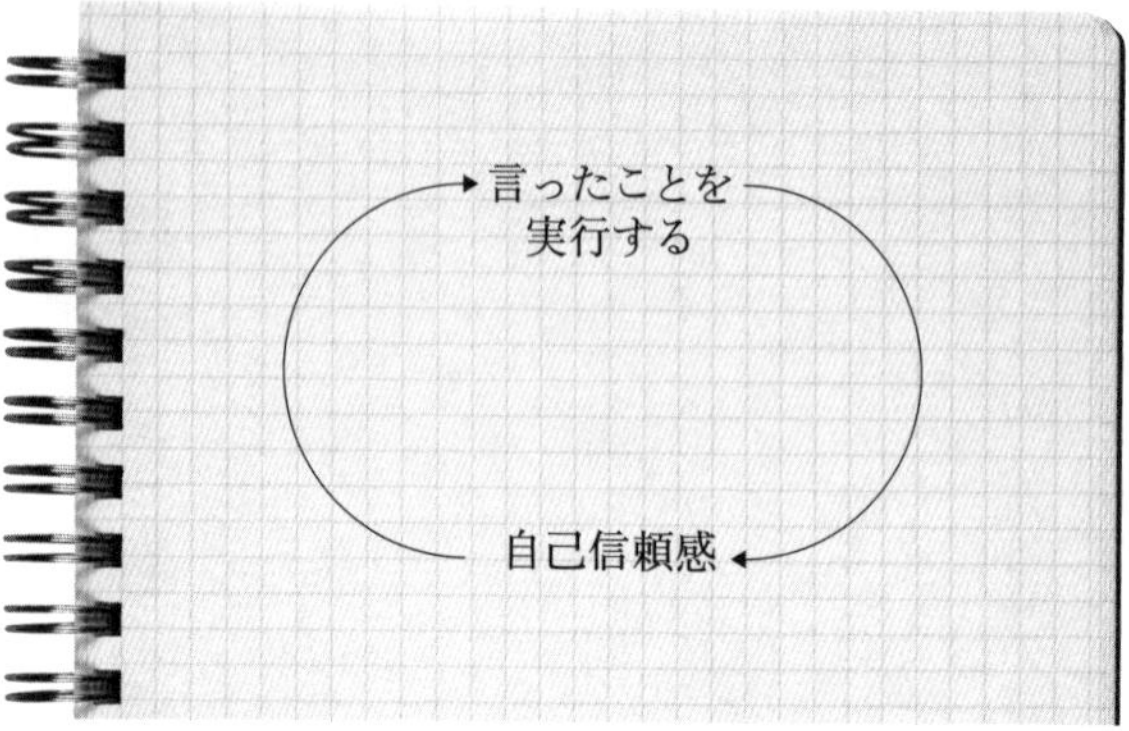

人はみんな「完璧に実行している」と「まったく実行していない」の間のどこかに位置しています。

片方の端に、言ったことを大切にし、約束を果たす人々がいて、もう一方の端に、自分がした約束を「口から出た雑音」程度にしか思っていない人がいるわけです。

自分がどのあたりに位置するかで、他の人からどれくらい尊敬されるかが決まります。

それ以上に重要なことは、その位置によって、自分で自分をどれくらい評価できるかも決まるということです。

約束を守るとき、あなたは他人だけでなく自分自身に対しても重要なメッセージを送っています。言葉はその人自身の表出ですから、**自分の発言を尊重することとは、自分自身を尊重することになるのです。**

自己信頼感の研究の祖とされる心理学者のナサニエル・ブランデンは、自分の言ったことを実行するのは自己信頼感を支える本質的な柱のひとつだとしています。そしてブランデンや他の研究者は、「言ったことを実行する」ことと「自己信頼感」には相関性があるとしています。

口に出したことを実行していけば、自然に自己信頼感は高まります。そして自己信頼感が高まれば、口に出したことをもっと実行できるようになるのです。

Think

約束を必ず守っている人を思いつきますか。生活の中のどの部分で、あなたは自分の言ったことを必ず実行していきたいと思いますか。

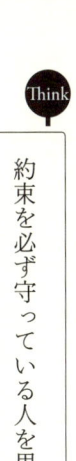

Action 約束を果たす

自己信頼感を高めるよい方法は、自分が口に出したことを実行するように努力することです。これからの1週間、すべての会議に遅刻しないということからはじめるのもいいでしょう。かかってきた友人からの電話にかけ直すとか、同僚の仕事を手伝う、子どもを映画に連れて行くといった約束を書きだし、確実に実行するようにしましょう。1週間に3回は運動し、週のうち6日間は健康的な食事をするといったことでもいいでしょう。

1週間の終わりに、書きだしたことを振り返り、きちんと実行できたか考えてみましょう。あなたはどの程度、自分にした約束や人に約束したことを果たせたでしょうか。家庭生活や職場などで、約束を守るのが難しい特定の場面がありましたか。守れない約束はどんな約束でしたか。最初からできない約束をしてはいなかったでしょうか。もしそうなら、今後どうやって断ればいいでしょうか。その週に気づいたことをまとめてから、さらにもう1週間、約束を守るよう心がけてください。

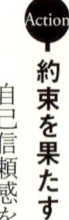

このワークは徐々に行なってください。トレーニングをはじめるにあたり、いきなり1日15キロメートルのランニングからはじめないのと同じです。一夜にして、言ったことをすべて実行できるようになれると期待してはいけません。それができるようになるには時間が必要です。そしてつねに進歩していくためには、一生を通しての努力が必要だということを知っておいてください。

自己信頼感が高まり、人から尊敬されるようになったと気づくまでに2週間はかからないでしょう。一方で、言ったことは必ず実行するという生活信条を、第2の天性や生き方そのものにまで高めるためには、数カ月、ときには何年もの意識的な努力が必要となります。

「幸福は美徳の上に築かれる。そしてその基盤には真実がなければならない」

詩人　サミュエル・テイラー・コールリッジ

Week 17

最高の瞬間をつかむ

今週、感謝すること

心理学者のアブラハム・マズローは「ピーク・エクスペリエンスとは、人間として最高の瞬間であり、人生における最も幸せな瞬間。恍惚《こうこつ》や、歓喜や、至福を味わう体験」だと定義しています。

そしてそのような瞬間は「美の創造による恍惚感をともなった深い芸術的な体験や、成熟した恋愛や完全なる性的体験、親としての愛情や、自然出産の経験、その他多くのこと」によってもたらされるとしています。

こういった最高の瞬間は長続きしません。しかしこの瞬間を体験することで、長期にわたる影響があります。

自分が何者で、これから何をしようとしているのかという洞察と、将来の困難

を切り抜けるための勇気と自信が生まれます。

また、いままでは決してしようとも思っていなかったことをするきっかけも与えてくれます。

より幸せになれるだけでなく、失敗から立ち直りやすくもなります。

Think

あなたが経験したピーク・エクスペリエンスを1つか2つ、思い出してみてください。生活の中でもっとピーク・エクスペリエンスを体験するためには、どうしたらいいと思いますか。

Action

ピーク・エクスペリエンスを体験する

ピーク・エクスペリエンスとは変化を引き起こし、人生をまったく別のものにしてしまう可能性もあるものです。

そして、ピーク・エクスペリエンスの効果を一時的な気持ちの高揚以上のものとするために、心理学者のチャド・バートンとローラ・キングによる実験方法にしたがってみるのもひとつの方法です。

この研究の被験者は**3日間にわたり、1日15分間、自分のピーク・エクスペリエンスを書きだす作業をしました。**

その結果、彼らはこの作業を行なわなかったグループに比べ、心も体も非常にいい状態を示すようになりました。

被験者が出された指示は次のようなものでした。

「人生で最もすばらしい体験を考えてみてください。最高に幸福な瞬間や、恍惚や至福を感じた時間のことです。それは恋愛しているときや、音楽を聴いているとき、または本や絵画に衝撃的な感動を覚えた瞬間や、何かをつくりだしている時間かもしれません。

そのうちのひとつを選び、**そのとき感じた感覚や心の動きに意識を向けながら、もう一度その瞬間にいるかのようにイメージしてみてください。**その後で、感覚や考え、感情も含めて、できるだけ詳しくその経験を書きだしてみましょう。できるだけ感情を再体験してください」

今週3日間、毎日15分間このワークを行なって、ノートに好きなだけ書きだしてください。

2日目、3日目も初日と同じ経験を書いてもいいですし、別の経験を書いてもかまいません。

「自分という人間について考える最良の方法は、どんな精神的、道義的考え方をしたときに、いちばんいきいきと生きていることを実感できるかを探ることだと思う。人はそうした瞬間、心の中の声が聞こえる――これこそが本当の自分だ、と」

心理学者　ウィリアム・ジェイムズ

今週、感謝すること

Week 18

長期的な関係をつくる

セラピストのデイヴィッド・シュナーチは、**長期的な関係にはすべて、いつかは「行き詰まり状態」が訪れる**としています。

これはカップルが諍《いさか》いにより身動きがとれず、解決の糸口を見いだすことができない状態のことです。

ちょっとした言い争いではなく、くりかえし出てくる、解決不能に思えるようないざこざの多くは、子どもや、親族関係や経済的問題、またはセックスに関連しています。

どんな教育を子どもたちに受けさせるべきか、理想的な性生活の頻度はどれくらいで、お互いがどんなことに性的興奮を覚えるのか、といったようなことです。

この行き詰まり状態に陥ると、どちらか、もしくはふたりともが自分らしさを捨てるべきではないかとさえ感じます。

自分の信念を守るのか、妥協してパートナーとうまくやっていくのか。そのどちらかの選択を余儀なくされるのです。

このような状態から、カップルの関係が最終的に離婚というかたちをとったり、法的な婚姻関係は継続するにしても、肉体的、感情的に別離の状態になったりすることは決して珍しいことではありません。

しかし、シュナーチは**この行き詰まり状態を、個人的な成長と対人スキル向上のための重要な分岐点**だとしています。

「結婚生活には、予想するより、ずっと大きな緊張感とプレッシャーがあります。じつはその時点こそが始まりなのに、そうしたプレッシャーがあまりにも大きいため、それを離婚の時期だと誤解してしまうのです」

この行き詰まり状態をうまく克服したふたりは、個人としても、そしてカップルとしても強くなります。ふたりの関係は本物になり、より親密なものとなります。

お互いに理解しあえる親密な関係をつくりあげるためには、ふたりで問題に向かいあうことが重要です。

シュナーチはふたりで問題に向かいあうことは「親密さの駆動輪（育むもの）であり、砥石（磨くもの）である」としています。

これまでの道のりがまっすぐなものではなかったとしても、カップルのどちらか一方に欠陥があるわけでもなければ相性が悪いわけでもありません。一見、回り道に見える道のりも、受容の精神や親密さや情熱を育むために必要なプロセスなのです。

Think

パートナーとの関係で行き詰まりを感じたときのことを考えてみてください。その状態から抜け出し、関係を強化するために、あなたは何をしましたか。または何ができたでしょうか。

Action 人間関係を見直す

心理学者のナサニエル・ブランデンは、「文章完成ワーク」を考案しました。未完成な文章の後半部分をいくつか考えるというワークです。このワークを行なうときには、声に出して言うにしろ、書くにしろ、1つの前半部分に対して6つ以上の後半部分をつくってください。

批判的な考えはもたず、心に浮かんだままを書いたり言ったりしてみることが重要です。

意味をなすかどうかとか、矛盾がないかどうかかなどを考える必要はありません。

1週間かけて、毎日同じ未完成文章について取り組んでもいいですし、自分自身で前半部分を考えてもかまいません。**ノートなどに未完成文章を書きだして、1つの文について1、2分のあいだに考えだせるかぎりのさまざまな後半の文を考えてみてください。**

すべての文章完成ワークが終わったら、自分の書いた文章を見直し、それぞれの中で自分にとって大きな意味があると思う文章、将来的に深めていきたい考え方、そしてピントはずれだと思うものを選んでください。そしてそれらの文章を分析し、そこから何を学んだかを書きだし、その文章に基づいた行動をとってみるようにしましょう。

一般的な人間関係に焦点をあててもいいですし、特定の人物について書いてもかまいません。

特定の人について考える場合は、前半部分にその人の名前を書きこんでください。

「愛は人が噂する以上のものである。闘い、勇気を出し、すべてを賭ける価値のあるものである」

作家　エリカ・ジョング

人間関係をよくするには？

あの人との関係を5%よくするためには……

もし私があと5%心をひらけば……

関係性をさらに親密にするためには……

もし私があの人を5%多く受け入れれば……

自分自身との関係をよくするためには……

人生にもっと愛が流れこむようにするには……

別の考え方をするとすれば……

ノートなどに、それぞれ6つ以上の後半部分を書きだしてください。書き終わったら、実行することを決めてください。

Week 19

親切な行動をする

今週、感謝すること

人の幸せに貢献している人は大きな恩恵を受けています。

親切な行動以上に「利己的」な行動はないと、私は考えています。日頃から親切な行動を心がけていれば、その報酬として、幸せという「究極の通貨」をつねに得ることができます。

幸福は尽きることのない無限の資源です。決められた配分はありませんし、ひとりの人間がいくら幸福を手に入れようとも、他の人の取り分が減るということはありません。

心の寛容さをもつこと、つまり他人と分かちあう生き方をすることは、無限に蓄えられた「精神と感情の富」を引き出す最良の方法なのです。寛容さから得

与えることは利己的な行動

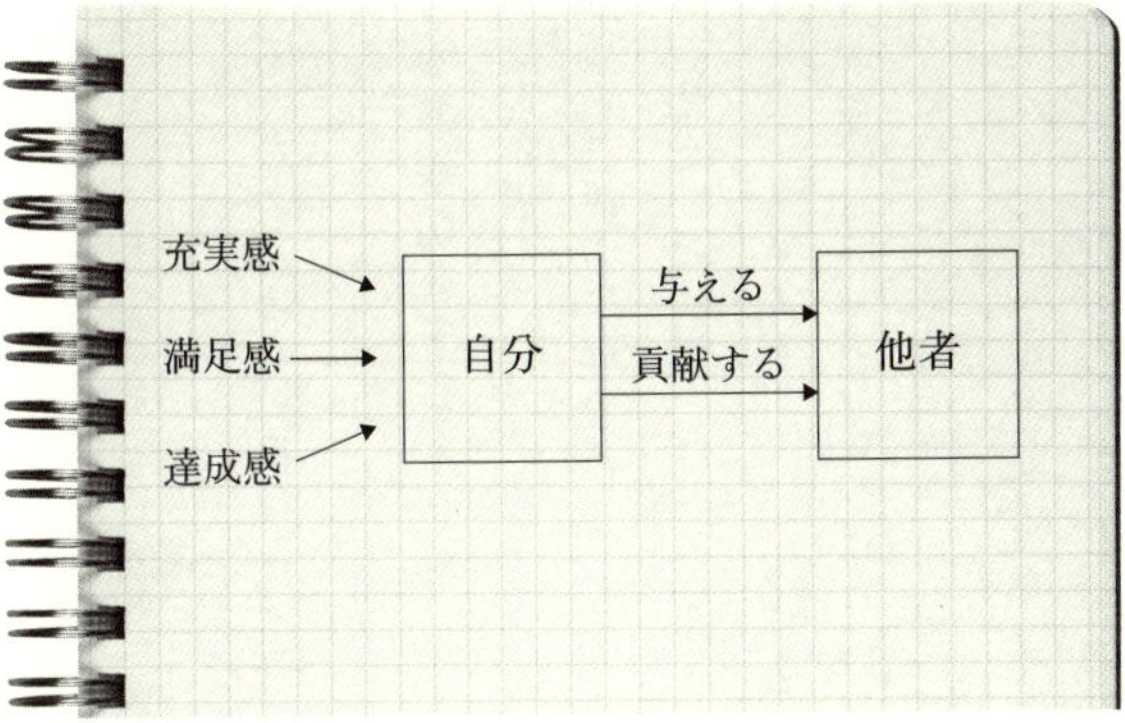

られる精神的、感情的な報酬は、「与える」ことそのものからもたらされます。

まわりの人と多くのものを分かちあい、他の人の人生に貢献すること以上に満足感を得られる行為はありません。

それは私たちの持って生まれた性質なのです。その証拠に、誰かに手を差し伸べたとき、または誰かの人生にポジティブな変化を与えたときのことを思い出してください。物理的な見返りとは関係なく、与えるという行為そのものから生じる満足感が限りなく大きいということに気がつくことでしょう。

Think

最近、いつ人の手助けをしましたか。大きなことでも、ちょっとしたことでもかまいません。あなたがしたことで、他の人の気分が少しでも明るくなったとき、あなたはどう感じたでしょうか。

Action

5つの親切をする

心理学者のソニア・リュボミルスキーは、いくつかのグループに、1週間、意識的に親切な行為をしてもらうという実験を行ないました。

親切をするのは、知っている人に対してでも知らない人に対してでもいいですし、みんなに知らせても内緒でしても、思いついたその場でしても、あらかじめ計画してもいいことにしました。

結果的に、この実験の参加者たちは以前よりもっと健康的で充実した生活を送ることができるようになりました。最も効果が上がったのは、毎回違った種類の親切をするように言われたグループと、週全体にわたって小さな親切を分散して行なうのではなく、特定の1日に親切な行動を集中して行なうように言われたグループでした。

そこで今週は**1日、どこか日を決めて、普段より5つ多く親切な行動をしてみましょう。**もちろん世界平和のために何か行動ができればすばらしいですが、そんな大げさなものでなくてもかまいません。たとえば友人の洗濯を手伝うとか、支援する団体のために寄付をするとか、知らない人のためにドアを開けてあげるとか、礼状を書くとか、献血するとかといったようなことで十分です。あなたのノートに、何をしたか、そして来週は何をするつもりか書きだしてみましょう。

「一本のろうそくから何千本ものろうそくに火をつけることができる。かといって、それで最初のろうそくの寿命が短くなることはない。幸福は、分かちあうことで決して減らない」

仏陀

今週、感謝すること

Week 20

いいところを探す

夢を実現し、成功を手に入れ、幸せになり得るすべての要素をもちながらも、いつも憂鬱そうにしている人たちがいる一方で、何度も不運や困難に直面しながらも、人生に喜びを見いだしている人たちがいるのはどうしてでしょうか。

それは、**幸福というものは人生における客観的な出来事で決まるのではなく、出来事をどのように解釈するかという主観的な心の働きによって決まるもの**だからです。

試合で優勝することから、試験でCの成績しか取れないこと、思わぬ大儲けをすることや恋人に振られることまで、人生にはいろんなことが起こります。こうした出来事がどんな意味をもつかは、それをどう解釈するか、何に焦点をおくかで決まります。

勝利したことや達成できたことを喜ぶのか、それをあたりまえだとして、完璧なプレイができなかったと悔やむのか。成績が悪いことや恋人に振られたことで自分自身を責めるのか、その経験から何が学べるかに焦点をおくのか。

同じ出来事であるにもかかわらず、解釈によって意味が変わってくるのです。

悲しみやつらい感情に免疫がある人間はいません。しかし、**どのような状況でもそこによい部分を見つけられる人たちがいます。**彼らは他の人の成功を自分のことのように喜ぶことができますし、挫折をチャンスに変えるコツを知っています。そして人生を楽観主義で生きています。他方、水が半分入ったコップを見て、「半分しか入っていない」と考える人たちは、幸せである理由をなかなか見つけることができません。いつも不満を抱えて生きています。

前者は「いいこと探しの名人」です。暗雲の中にも光り輝く銀の一条を見いだせる人。レモンからレモネードをつくることができる人。人生の明るい面を見ることができる人。ありきたりの表現しか使っていないと言って作家を貶《けな》したりなどしない人です。一方、後者はヘンリー・D・ソローが言う「あら探しの名人」です。彼らは「楽園にいても何かしら欠点を見つける」人たちです。あら探しをする人は決して幸せにはなれません。**最高の出来事が起こるのではありません。起こった出来事を最高のものにできる人がいるのです。**

あら探しをする人間は、どんなに成功しても、幸せを長く感じることはできません。そして失敗することで、彼らはまた自分の陰気な人生観を強化していきます。それに対して物事のポジティブな面に焦点をおくことを学んだ人は、成功と失敗の両方から恩恵を受けることができます。彼らにとっては、この世の中はどこを見ても成長と祝福のためのチャンスばかりなのです。

Think

あなたは「いいこと探しの名人」ですか、「あら探しの名人」ですか。人生のどういう分野においてなら、「いいこと探しの名人」になれるでしょうか。

Action

過去をとらえなおす

過去の出来事に対する認識を変えることは、「いいこと探しの名人」になる第一歩です。認識を再構築することで、失敗によるマイナスの結果を越えたその先を見ることができるようになるからです。

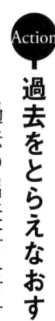

どんなにつらいことであったとしても、その経験から何を学び、どう成長することができるか、時間をとって考えてみましょう。**いままでの人生の出来事を、はじめは「あら探しの名人」として、次は「いいこと探しの名人」として書きだしてみましょう。**

たとえば、不合格だった試験について、最初は「あら探しの名人」として、どんなに動転し、どんなにつらい経験だったかを書き、次に「いいこと探しの名人」として、そのことによりいかに謙虚になり、一生懸命に勉強することの大切さを学んだかを書きます。

「いいこと探しの名人」として書く際、つねに物事は最良のこととして起こるとか、または何が起きようとも幸福であると考える必要はありません。むしろ起こったことをあるがままに受けとめ、それを最大限に利用しようと考えてください。

「悲観論者はあらゆるチャンスに困難を見いだす。楽観主義者はあらゆる困難にチャンスを見いだす」

イギリス元首相　ウィンストン・チャーチル

Week 21

「ありがとう」を言う

今週、感謝すること

相手がパートナーでも、先生でも、友人や学生であろうとも、感謝の気持ちを表すことは、充実した人生を送るために大切なことです。

マーティン・セリグマン教授は、ポジティブ心理学の講義の中で「感謝の訪問」という課題を学生たちに与えました。**お世話になった人に感謝の気持ちを表す手紙を書き、その人を訪問して手紙を読み上げる**というものです。セリグマン教授と学生たちの報告によると、この課題の効果はめざましいものがありました。感謝をささげる側、受け取る側、そして双方の関係に大いなる恩恵をもたらしたのです。

私も自分の授業の中で、同じような課題を学生たちに出したことがあります。

学生たちが感謝の訪問の結果を報告するときには、本当に心が動かされ、涙を誘われた場面が何度もありました。ある父親が10年ぶりに子どもを抱きしめたり、何年も前に仲たがいしていた友だちとの友情が復活したり、年老いたコーチが訪問を受けたことでずっと若返って見えるようになったりもしました。

感謝の力は計りしれません。感謝の気持ちを表現する方法はたくさんありますが、感謝の手紙を持参して読み上げるということは特別に大きな効果をもたらすでしょう。

Think

感謝している人のことを考えてください。その人のどこに感謝していますか。何をありがたいと思っているのでしょうか。

Action

率直な気持ちをつづる

感謝している誰かに、あなたの気持ちをつづった手紙を書きましょう。**その人がしてくれたことを具体的にあげて、どういうふうに感じ、どういうふうに感謝しているかを書いてください。**

感謝の手紙を書くことは、ハガキで簡単な礼状を書くよりずっと大きな意味があります。もちろん礼状も大切ですが、感謝の手紙はそれ以上の意味をもっています。感謝の手紙を書くことは、人間関係からもたらされる意義と喜びについてじっくりと考察することなのです。

1通の感謝の手紙で幸福感は増します。しかし書き手にとってこのときの高揚感は一時的なものでしょう。感謝の手紙を何通も書き、たくさんの人を訪問することでこの効用をずっと長続きさせることができます。理想的には毎週手紙を書ければいいのですが、1カ月に1度でも書けば、まったく書かないよりは明らかに大きな違いがあります。

また、手紙を書くだけでも効果がありますが、実際に手紙を出すことによってその効果は高まります。**いちばんいいのは、その手紙を自分で届けることです。**最低5人、感謝する人たちの名前を書きだしましょう。そして彼らに感謝の手紙を書き、実際に届ける日を決めましょう。

「感謝は最高の美徳であるのみならず、他のすべての美徳を生み出す源だ」

古代ローマの哲学者　キケロ

感謝の手紙を書く

1. 感謝している人の名前をリストアップする

2. 手紙に、その人がしてくれたことを書く

3. そのときの気持ちや、いまどう感じているかも書く

4. 手紙を出す（もしくは自分で届ける）

感謝の手紙は毎週１回、
少なくとも１カ月に１回は書いてください。

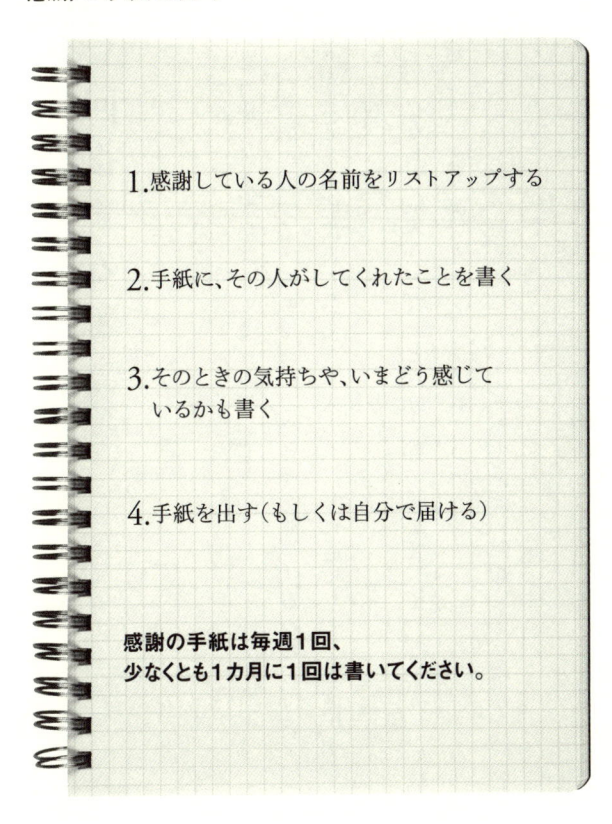

Week 22

回復する

今週、感謝すること

私たちは生まれながらにして楽しみや娯楽を必要としています。

しかし、意思をもっているので、この必要性を無視することもできます。

楽しみを求める本能に打ち勝ち、本来の気持ちに逆らうことを選択することもできるのです。

そして、私たちは限界などないと自分に言い聞かせ、持って生まれた人間の性質を無視して、より高い能力を手に入れようとします。

それは科学がもっと優秀で、スピード感のある、信頼できる機械をつくりだそうとするのに似ています。

私たちの多くが、睡眠や休憩、仕事の中断もできるだけ減らして、もっとたくさんのことをしようとします。

そして限界を超えて自分たちの能力を伸ばそうとするのです。

しかし残念ながら、限界は存在します。

もし**自然の要求を無視して体と心を酷使しつづければ、個人としても社会としてもその代償を支払うことになります。**


精神科の薬物治療が進歩するにつれて、精神衛生上の問題はむしろ深刻さを増しています。

この流れに逆らうためには、「驚異の薬」を宣伝する広告マンの声を聞かずに、私たちの内なる声を聞き、そのすばらしさを再発見する必要があります。

ほとんどの場合、**定期的に休息し回復する時間をとるだけで、精神科でもらう薬と同じような効果がある**のです。

Think

あなたは、回復のために十分な時間をとっていますか。1日のうちにしっかり休みをとっていますか。十分な睡眠はとっていますか。1週間に1日は休んでいますか。最後に休暇をとったのはいつでしょうか。次の休暇はいつですか。

Action

最良の時期から学ぶ

仕事で成功していたときや、最も満足感が高く、生産的で創造的だった期間（1カ月～1年）を思い出してください。

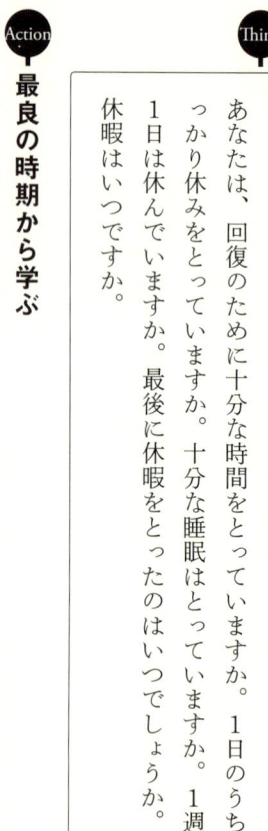

もしそれほど長期間働いたことがなかったり、仕事でのそのような時期が思いつかなかったりする場合は、学校など他の場面でうまく物事を進めていた時期でもかまいません。

当時、どんなことが成功に結びついていたでしょうか。どんなふうに元気を回復していましたか。誰と一緒に活動していましたか。そして最も重要なこととして、そこから何を学びましたか。現在していることや将来やろうとしていることとの参考になるでしょうか。

それらについて書きながら、**最高の自分を引き出すには具体的に何をすればいいかを考え、書きだしてください。**

そして、スポーツジムに行くことや友人と外出する、または家族と一緒に長い休暇をとるといった「回復のための時間」を日々の予定の中に組みこんでください。

自分自身の経験を振り返るのと同じように、職場などの場所で他の人の様子も見てください。その人たちから何を学べるでしょうか。

自分は何をしたいのか、どんなふうになりたいのか、そしてどんなふうにはなりたくないのか、考えてみてください。

「真の休息を楽しんでいる者は、魂の遺産を殖やしている」

作家　ヘンリー・D・ソロー

Week 23

パートナーシップを築く

今週、感謝すること

カップルは、つきあい始めの時期や、ハネムーン、新婚時代など、関係がはじまったころには争いごとはあまりありません。しかしつきあいが長くなればなるほど、ふたりの間に軋轢が生まれます。

たいていの人は、軋轢があるのはふたりの関係そのものに問題があるからだと解釈します。いざこざのない完全な調和、それこそが私たちみなが懸命に追い求めなければならないあたりまえの姿だと思いこんでいます。

しかし**実際には、いざこざは避けられないものであるだけでなく、長期にわたる良好な関係にとって非常に重要なものです。**

それはワクチンのようなものといえます。私たちは極限まで弱めた病原菌を身体の中に入れ、悪性の症状に対処する抗体をつくりあげることによって、病気に対する免疫をつくります。同じように、小さな争いはふたりの関係を維持する能力を高め、やがて関係が行き詰まったときにもなんとか対処できるような免疫力をつけてくれるものなのです。

長年にわたり、成功したカップルと失敗したカップルの関係について調査研究をしてきた心理学者ジョン・ゴットマンは、長期にわたって良好な関係にあるカップルはポジティブな関わりとネガティブな関わりの比が5対1であると指摘しています。

怒りや批判や敵意を表すといった行為が1の割合だとしたら、互いに親切にする、共感を表す、愛を交わす、関心や愛情を示すといった行為が5の割合だというのです。

この研究の重要なポイントは2つです。1つは、ネガティブな関わりも重要だということ、2つめは、ポジティブなことは、ネガティブなことより多くなくてはならないということです。

カップルの関係に衝突がないとしたら、それはふたりがお互いに重要な問題や相違に向きあっていないということです。誰もが人として、またはカップルとして完璧ではありません。衝突がないということは、挑戦を避けているということです。そこから学ぼうとせず、お互いに対峙しないようにしているだけなのです。

このように衝突は必要なものですが、それと同時に冷たさや怒りが、思いやりや愛情より多くなってしまうと、その関係は明らかに不健康なものとなってしまいます。

Think

あなたはパートナーに対して、批難の言葉より、ほめ言葉をたくさん伝えていますか。パートナーに対してもっと前向きのメッセージを送り、一緒にいることを楽しめるような行動をとれば、どんないいことがあると思いますか。

Action プレゼントをする

ゴットマンはカップルに対して、「互いに相手から尊敬されようとか受け入れてもらおうとするより、ふたりの関係のいいところを強めるべきだ」とアドバイスしています。いいところを強めるというのは、大きな変化を必要とするものでは　ありません。

アッカーマン家族療法研究所のピーター・フランケルは「60秒でできるちょっとした幸せのプレゼント」を提案しています。カップルの関係を長続きさせるためには、特別な行事や高価なプレゼントに頼るのではなく、**お互いに毎日最低3つの「ちょっとした幸せのプレゼント」をすればいい**というのです。

情熱的なキス、クスッと笑えるような思いやりのある電子メール、「愛してる」の一言。それらは愛情を育むのに役立ちます。心のこもったほめ言葉ももちろん大切です。

ぜひこの**「ちょっとした幸せのプレゼント」のリストをつくってみてくだ**

さい。そしてこれからの1週間、毎日、そのうちの少なくとも3つをパートナーに届けるようにしましょう。毎日違ったものでも同じものでもかまいませんが、まずは1週間分を書きだしてみてください。

「ひとつのほめ言葉で2カ月は生きられる」

作家　マーク・トウェイン

今週、感謝すること

Week 24

解釈を変える

認知療法の基本的前提は、「人は出来事そのものに対して反応するというより、その出来事への自分の解釈に反応する」というものです。

ある出来事をどう解釈するかによって、思考が生まれ、その思考によって感情が生まれます。たとえば赤ちゃんを見て（出来事）、その赤ちゃんを自分の娘だと認識し（思考）、愛情を感じる（感情）とか、講演者が講演を待つ聴衆を見て（出来事）、恐ろしい存在だと解釈し（思考）、不安を感じる（感情）という一連の流れです。

認知療法の目的は、歪んだ考えを取り除き、現実感を取りもどすことです。不合理な考え方、**つまり認知の歪みがあることがわかったら、その出来事に対する**

人は出来事そのものではなく、
出来事への自分の解釈に反応する

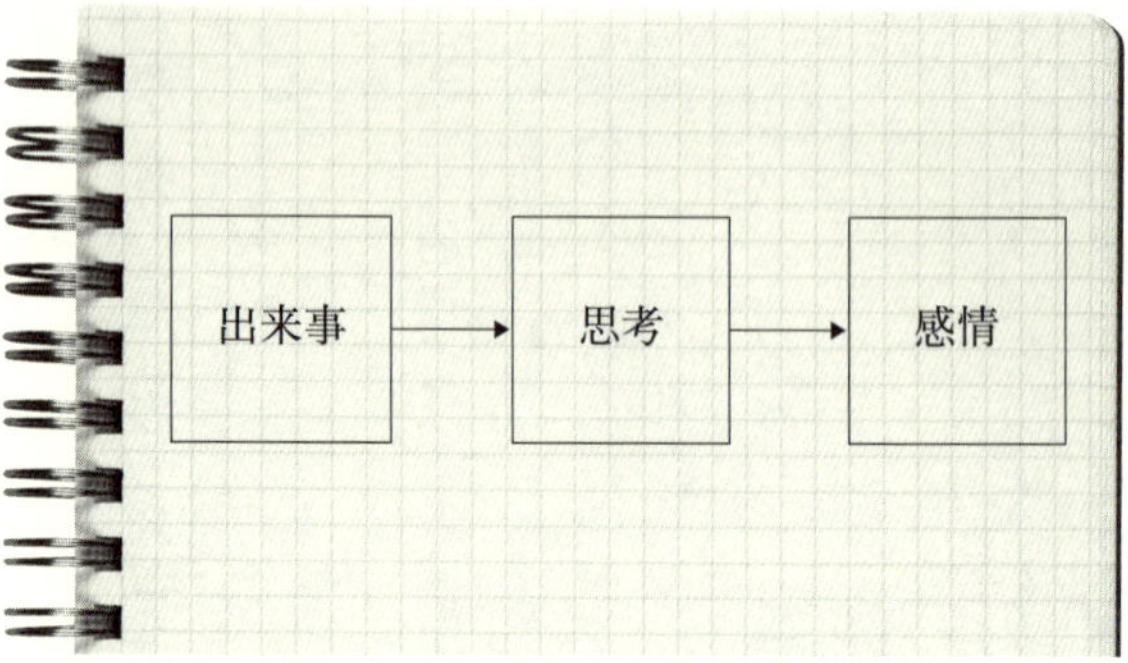

考え方を変え、違ったように感じればよいのです。

たとえば、就職のための面接試験の前に身動きができないような恐怖を感じたら、自分はわざわざ「もし落ちてしまったらすべてがおしまいで、二度と就職できないだろう」といった不安をもたらすような考え方をしていると意識するのです。

そして、その歪んだ考えを正し、「この仕事にはぜひ就きたいけれど、他にもいい職はある」というもっと合理的な考え方に置き換え、解釈しなおすわけです。

激しい思考の歪みは、失敗への不健全な恐怖心を生みます。合理的な思考は状況を見直し、健康的なチャレンジ精神をもたらしてくれます。

Think

あなたがこれまでに、激しい感情を表したときのことを思い出してください。あなたの反応は適切なものでしたか。その状況に別の解釈はできますか。

Action

PRP法を使う

心をかき乱すような不安な感情に対処するのに役立つ方法のひとつとして、PRP法があります。

PRP法とは、自分自身が人間であることを許すこと（Permission＝P）、状況を再構築すること（Reconstruction＝R）、そしてより広い視野から見ること（Perspective＝P）の3段階を踏む方法です。最近の腹が立った出来事や、将来の心配事を使ってこの方法を試してみましょう。

まず、**自分が人間であることを許し、起こった出来事とそのときに感じた感情をあるがままに認めます。**

信頼する人に話したり、どう感じているかを書きだしてもいいですし、ゆっくりと時間をとって落ち着いた場所に行き、その経験がいま、実際に起こっているかのように感じるのもいいでしょう。この段階には5秒、5分、あるいはもっと長く、必要と思うだけの時間をかけます。

次に状況を再構築します。**その出来事がもたらしたよいことは何かをじっくりと考えます。**

決して楽しいことではなかったかもしれませんが、それによって何かいいことはなかったでしょうか。何か新しいことを学んだり、自分自身や他の人についての洞察力がついたり、人の気持ちがもっとわかるようになったりはしなかったでしょうか。いまあるものにもっと感謝できるようにならなかったでしょうか。

最後の段階として、**一歩引いて、その状況を広い視野で眺めてみます。**

その経験をより大きなスケールで考えることができますか。1年後、その状況をどう考えるでしょうか。小さなことで大騒ぎしてはいないでしょうか。

ＰＲＰ法を実践する場合、必ずしも順番にやる必要はありません。「許可」から直接「広い視野から見ること」に飛んでもかまいません。その後「状況の再構築」へ進んでからまた「許可」へともどるなど、順番は自由でいいのです。

いままでの経験を思い出していってもいいですし、いま起こっている出来事に対して試してみるのもいいでしょう。

このワークは定期的に繰り返しやるようにしてください。やればやるほど、多くの効果が得られるようになるでしょう。

「気分が悪くなるということは、奇妙なことだ。決して真実でないことを勝手に思い違いして、みじめな気持ちになっているのだ」

心理学者　デイヴィッド・D・バーンズ

Week 25

子を育てる

今週、感謝すること

自らがつらい経験をしたことのある親の多くは、自分の子どもたちにはもっといい人生を送ってほしいと願っています。

子どもにはできれば不愉快な経験を避けて通ってほしいと親が願うのは美しいことですし、その願いは子どもに対する愛情と気配りから生じたものです。

しかしこうしたことを望む親たちが見落としてしまいがちなことがあります。

それは困難から子どもたちを守ることは、短期間であれば子どもたちの人生をより快適にできても、結果的には、**自信や、失敗から回復する力、人生の意義を知ること、そして対人関係に関する大切なスキルを身につける機会を、子どもたちから奪っているかもしれない**ということです。

健全な発達と成長のためには、子どもたち自らが失敗に対処し、困難な時期を切り抜け、つらい感情を経験することが必要なのです。

Think

子どもがいるかどうかにかかわらず、次のことを考えてみてください。自分の子どもや大切に思っている他の人の子どもに対して、できるかぎり楽な人生を与えたいと思いますか。何でも手にすることができるとしたら、子どもがその「贅沢」を味わうために、どんな代償を払わなくてはいけないでしょうか。

Action

手を出さない

自分の子どもであっても、他人の子どもであってもかまいませんが、ある子どもとあなたの関わりについて考えてみてください。

その子どもの人生に介入することで、もっとその子の人生を楽にできたかもしれないと思う場面をリストアップしてください。

それぞれの出来事について、手を出した場合どうなったか、出さなかったことでどうなったか、そして、それがその子のためになったか、ならなかったかを考えてみてください。

「子どもたちに自力で困難に挑戦する機会を与える」とはどういうことか考えてみてください。

「いい子をもつ幸運な親には、いい親をもつ幸運な子どもがいる」

ジェームズ・A・ブリューワー

Week 26

これまでを振り返って

ここでいったん、いままで読んできたところを振り返ってみましょう。

幸せになるために何を生活に取り入れましたか。

行動や習慣の変化、または考え方の変化について書きだしてみましょう。

行動面での変化とは、いままでよりも感謝の気持ちを表すようになったとか、生活を簡素化したとか、運動をはじめたなどです。

考え方の変化とは、人間である自分を許すようになったとか、以前よりもっといいことを探すようになったといったことです。

変わるために、どんなステップを踏みましたか。またはこれからどんなステッ

今週、感謝すること

プを踏んでいこうと思いますか。変わることを邪魔するものは何でしょうか。どうすれば、変化をスムーズに行なうことができるでしょうか。

「たゆまぬ知識の吸収と訓練を通して容易にならないものはない。訓練により私たちは変わる。自らを変容させることができる」

宗教指導者　ダライ・ラマ

Week 27

悲しみにうちかつ

今週、感謝すること

愛する人を亡くした後のつらさは表現できないほどのものです。後に残された人たちは、誰もが、故人のいない人生など考えられないように感じるでしょう。しかしながら、一定期間を過ぎた後は、人によって大きく対応が変わってきます。愛する人を失ったことから決して回復できない人々もいる一方、悲しみから一歩踏みだし、行動の面でも感情の面でも以前と同じように生活できるようになる人もいます。

そして最終的にローレンス・カルホーンとリチャード・テデスキのいう「心的外傷後成長（ポスト・トラウマティック・グロウス）」を遂げる人々がいます。

それは愛する人を失ったことにより、もっと深みのある人間に成長することです。**以前より人生をずっとありがたく思うようになり、人間関係をよりよいものにして、より打たれ強い人間になることができるのです。**

C・M・パークスは死別に関する著作の中で、夫を失ったときに嘆き悲しんだ女性に比べ、悲しみを表に出さなかった女性は、長期に及ぶ身体的、精神的な苦痛に苛まれると述べています。人は感情に身をまかせてとことん落ちこむことによって、破滅的な状況から立ち上がり、大きな感情の土台をつくりあげ、自分やまわりの人々をいままでよりしっかりと支えることができるようになるのです。

Think

友人やパートナー、仕事など、大切なものを失ったとき、あなたはどのように対処しましたか。

Action

マインドフルネス瞑想をする

ここ数十年の間、「マインドフルネス瞑想が心と体の健康にもたらす効用」についての研究報告を数多く目にします。**「マインドフルネス」とは**

「自分がしていることを十分に理解し、判断や評価なしにいまの瞬間をできるかぎり受け入れるようにすること」です。「いま、ここ」に焦点をあて、やっていることを体感し、好き嫌いにかかわらず湧きあがる感情を味わっていることがマインドフルな状態です。

マインドフルネス瞑想は物事を受け入れる練習です。テニスのバックハンドが上手になるためには理論を理解するだけでは限界があり、実際に打つ練習をしなければいけません。それと同じように、物事を受け入れることも、理論を理解するだけでは十分ではないのです。

マインドフルネス瞑想そのものは簡単ですが、これを定期的に行なうことは決して簡単ではありません。ですが、**瞑想によって生活の質を大きく向上させるためには、定期的に行なうことが大切です。**理想的には毎日少なくとも10分間は行なうといいのですが、たとえ1日おきだとしても、1週間に1回だとしても、続けないよりははるかに効果があります。

瞑想にはさまざまな方法があります。経験ある指導者のもとで教室に参加するのもいいですが、とりあえず今日からでもはじめられる簡単な瞑想をご紹介します。

床の上かいすに座ります。できれば首と背中をまっすぐにして、自分が心地よい姿勢をとってください。リラックスして集中できるよう目を閉じてもいいでしょう。呼吸に意識を集中します。静かに、ゆっくりと、深く息を吸います。お腹の中まで空気が降りていくのを感じます。そして、ゆっくり静かに息を吐きます。呼吸に合わせてお腹がふくらんだりへこんだりするのを感じます。

次の数分間は、静かに息を吸うと空気でいっぱいになり、ゆっくり息を吐くと空っぽになるお腹に意識を集中させましょう。意識が別のところへ飛んでしまったら、このお腹の動きに集中するよう優しく穏やかに意識を呼びもどします。

これは、何かを変えようとしているのではありません。ただここにいるだけという状態になるのです。

「マインドフルネスとは、あなたが経験するよいこと、悪いこと、そして醜いこと、そんなすべての瞬間を完全に『自分のもの』にすることだ」

心身医療研究者　ジョン・カバットジン

Week 28

期待をコントロールする

今週、感謝すること

ジェームズ・C・コリンズは著書『ビジョナリー・カンパニー2』（山岡洋一訳、日経BP）の中で、ジェームズ・ストックデール海軍中将の話を引用しています。ストックデール海軍中将はベトナム戦争のときのアメリカ人捕虜で最も高い地位にあった人物で、強靱な性格と不屈の精神で知られています。彼は捕虜収容所での過酷な環境の中で生き延びることができた捕虜の2つの大きな性格的特徴について述べています。

第1の特徴として、彼らは自分たちがおかれた悲惨な環境を無視したり拒絶したりすることなく、真正面から受けとめていたといいます。第2の特徴としては、いつの日か必ず脱出できるという信念をもちつづけていたというのです。

つまり、**生き残ることができたのは、自分たちのおかれている過酷な現実を受けとめながらも、最終的にはすべてうまくいくだろうと希望を失わなかった人々なのです。**それに対して、決して脱出できないと思ってしまった人々、またはあり得ないような短い期間で解放されるだろうと信じていた人々は生き残るのが難しかったそうです。

大きな望みや高い期待と、その対極にあるつらい現実。その間のバランスをとることは、目標を設定するためにも役立ちます。どんな目標が現実的であり、かつやる気を起こさせてくれるかを見極めるのは簡単ではありません。しかし心理学者のリチャード・ハックマンもこう言っています。「**やる気が最大となるのは、成功する可能性が五分五分の場合である**」。

Think

過去に立てた目標について考えてみてください。それらは現実的なものでしたか、それとも非現実的なものでしたか。どんな目標が気持ちを奮い立たせてくれて、やる気が出なかったのはどんな目標でしょうか。

Action

適切な目標を立てる

すでにもっている目標を5つ思い起こしてください。「出世」といった仕事に関連するものでも、「1週間に運動する回数を増やす」といったプライベートのものでもかまいません。

リストをつくり、**5つの目標それぞれに、達成可能なレベルとチャレンジのしがいがあるレベルを書きだしてください。**

それから、そのリストをよく見て、それぞれの目標の目指すところを、チャレンジのしがいがあり、かつまた達成可能なレベルに修正してみましょう。あなたを成長させ、かつ現実的である目標を、最低2つは取り入れてください。

「希望をもって旅することは、目的地に到着することよりずっといい」

小説家　ロバート・ルイス・スティーブンソン

適切な目標をつくる

【例】

目標	達成可能	チャレンジ	適切な目標
新規クライアントの獲得	週に3件見込み客を訪問	週に8件見込み客を訪問	週に5件見込み客を訪問

	達成可能	チャレンジ	適切な目標
目標1			
目標2			
目標3			
目標4			
目標5			

現実的かつチャレンジのしがいのある目標が、最も人を成長させる。

Week 29

自分に優しくする

今週、感謝すること

困難な経験に対処するためには、自己信頼感が重要であるとする多くの研究があります。しかし近年心理学者のマーク・R・レアリーらは、**とくに困難な時期においては、自己信頼感よりも自分に対して思いやりの気持ちをもつほうが効果的である**ことを発見しました。自分に対する思いやりとは、つらい思いや感情をそのまま受け入れて、困難な出来事が起こることは仕方がないことだと認め、自分自身を理解し自分に優しくしようとする気持ちのことです。

試験でひどい点をとったときや仕事で失敗したとき、怒ってはいけないときに怒りをぶつけてしまったときも、自分を許すことが大切です。レアリーは「アメリカ社会は自信を育てるために多大な時間と労力を費やしてきたが、心豊かに暮らすためには自分に優しくしようとする気持ちをもつことのほうがずっと重要だ」としています。

ダライ・ラマと弟子たちは、西洋の科学者たちと仕事をしたときに驚いたことがあるといいます。それは、西洋人は「自信をもつことこそが大事だ」と言いながら、多くの人が自分を愛することができずに、自己嫌悪に悩まされているということです。

チベットの伝統的な考え方では**自己愛と他者への愛に違いはありません。**つまり自分自身に対しては厳しいのに、隣人に対しては寛容だということはないのです。

ダライ・ラマは、こう述べています。「チベットの伝統的な考え方では、『ツェワ』と呼ばれる思いやりの気持ちは、自分自身に対する思いを他者との関係に広げていくことだと考えられています」。思いやりの対象は本当に自分自身であるべきかと問われるとこう答えました。「まず自分です。そしてもっと進化したかたちで、その気持ちが他者に広がっていくのです。ある意味では、**深遠な思いや**

りとは、利己主義が高度に発達した形態にすぎません。ですから自己嫌悪の強い人は他者に対して真の思いやりの心をもつことは難しいのです。始まりとなるべき土台がないからです」

Think

自分に優しくしていますか。人生のどの部分でもっと思いやりや許しの心をもつことができるでしょうか。

Action

自分を愛する方法を知る

自分のノートを使って、136ページの文章を完成させてみましょう。**書く前にはあまり考えず、いくつも思いつくままに後半部分を書いていってください。**書き終わったら、文章を見てじっくり考え、自分自身についてわかったことを書きだします。1週間、同じ文章を使ってもいいですし、自分でいろいろな未完成文章をつくってもかまいません。

「『アイ・ラブ・ユー』と言うためには『アイ』を最初に言わなくてはならない」

小説家　アイン・ランド

自分に優しくするには？

自分をあと５％愛したら、私は……

自尊心を高めるためには……

自分に対してあと５％優しくするためには……

まわりの人にあと５％優しくするためには……

わかりはじめてきたことがあります。それは……

思いつくままに文章をつづけてください。書き終わったら、それを見ながら自分のことについて考えてください。

Week 30

成熟する

今週、感謝すること

もっと幸せで健康的に長生きできる人生を送るためには、現実をあるがままに受け入れて、老いについての考え方を変える必要があります。望むと望まないとにかかわらず、年齢を重ねると、私たちは変化していき、ある部分はよくなり、ある部分は衰えます。

肉体的には、齢をとれば動作が遅くなり、機敏には動けなくなります。性的衝動は少なくなり、しわも増えます。しかしその一方、**齢を重ねることで、知的に感情的にそして精神的に大いに成熟する**ことができます。

私は齢をとることを過度に美化するつもりはありません。ただよい面も悪い面もあることをあるがままに伝えたいだけです。老いには、ときには病気のような困難が、予期せぬかたちで伴うことも事実です。しかし年齢を重ねることが大きな利益をもたらすことも事実なのです。

60歳、80歳のころと、20歳や30歳のころでは、私たちが見たり、理解したり、ありがたいと思うものは違います。**感情や精神が成熟するのに近道はありません。**知恵や分別、知性、洞察力は時間と経験により磨かれます。

健康的に老いるとは、加齢によって起こる問題を前向きに受け入れながら、年齢とともに増えてくる真のチャンスを享受することなのです。

Think

年齢を重ねることによって、あなたはどのように成長しましたか。今後、どのようにその成長を続けますか。

Action

年配者に話を聞く

年上の人、または何かの分野であなたより豊かな経験をもつ人と話をしてみましょう。人生について語ってもらってください。**失敗や誇りに思ってい**

ること、そしてその体験から何を学んだかを尋ね、その話に心から耳を傾けてください。彼らが話してくれたことをよく嚙みしめたとき、あなたはそこから何を学べるでしょうか？

相手が若い人であれ、年配の人であれ、他の人からのアドバイスに批判的精神をもつなといっているわけではありません。ですが、**経験によってしか得られない知恵にただ心をひらいて耳を傾けてほしいのです。**

人生について非常に多くのことが学べるだけでなく、年配の方を正しく評価できるようになり、齢を重ねることに対して前向きな考え方ができるようになります。

「若くありたいとか、やせていたいとかいう思いから解放されるのはなんと心地よいことだろう」

心理学者　ウィリアム・ジェイムズ

何を得て何を失うのか

加齢によって失われるもの

動作の機敏性　　肌のつや
性的衝動……

加齢によって得られるもの

知恵　　分別　　知性　　洞察力
感情　　経験……

豊かに成熟していくためには
現実をありのままにとらえることが重要。

Week 31

本来の自分にもどる

今週、感謝すること

心理療法士のブラッド・ブラントンは、著書の中で「私たちはみんな大嘘つきだ。嘘をつくことによって私たちは疲れ果ててしまう」と述べています。精神を病んでいないかぎり、**私たちのほとんどは嘘をつくことに大きなストレスを感じます。**嘘発見器はそのストレスを感知して反応するのです。自分の一面を隠したり、どう感じているかを偽ったりしている場合には、「嘘をついている」というストレスに加えて、「感情を抑えつけている」というストレスも加わります。それとは反対に、感じていることをしっかり自覚して親しい人に打ち明けたりすると、自分の心に正直になれたことで心の平安を感じます。

近年、ドイツで発表された論文の中で、店員や客室乗務員など生活のために笑顔をつくらなければならない職業の人は、うつ症状やストレスに悩まされたり、心循環器系の障害や高血圧などの症状を起こしたりしやすいことが報告されています。もちろん、そうした職業でない人も、1日の中で、少しは仮面をつけなくてはならないでしょう。社会においては、基本的な礼儀をわきまえるため、怒りやイライラした気持ち、欲情などの感情を抑えなければならないからです。

このようなストレスに対処するには、心理学者のブライアン・リトルがいう「本来の自分にもどる時間」をもつことです。「本来の自分にもどる時間」とは、**信頼する友人に気持ちを語ったり、心に浮かぶあらゆることを日記に書きつけたり、ただ単に自分の部屋でひとりで過ごしたりする時間**のことです。

どれぐらいの時間があれば、本来の気持ちにもどれるかは、持って生まれた性格によって変わります。10分しかかからない人もいれば、もっと長い時間が必要な人もいるでしょう。この「本来の自分にもどる時間」で重要なのは、自分らしさを取りもどして、偽りの気持ちをすべて排除し、湧きあがるすべての感情をしっかりと味わいつくすことです。

Think

あなたが、感情的に仮面をつけなくてはいけない場面は、どんな場面でしょうか。どこで、そして誰と一緒なら「本来の自分にもどる時間」をもつことができるでしょうか。

Action

気持ちを見つめる

自分のノートに、144ページの文章の後半部を最低6つずつ、思いつくままに書いてみてください。分析したり、考えすぎたりしてはいけません。**書き終わったら、文章をじっくり見直し、実行に移すことを決めて書きだしてみましょう。**

「感じていることを伝えるのに謝る必要はない。感じている気持ちは本物だから」

政治家　ベンジャミン・ディズレーリ

自分に正直になるには？

自分の気持ちにあと５％正直になるためには……

もし私がもっと自分の気持ちに正直になることができれば……

自分が恐れていることに、あと５％気づくことができれば……

あと５％本来の自分にもどるためには……

それぞれ６つ以上、思いつくままに文章を続けてください。書き終わったら、実行に移すことを決めてください。

Week 32

「わからない」を受け入れる

今週、感謝すること

私たちは「わからない」という状態を恐れます。自分の人生はいまこれでいいのかと確証を求めたくなります。**「悪い知らせ」よりも「知らせがないこと」のほうが怖い**のです。はっきりとした悪い診断より、あいまいな診断のほうが私たちを不安にさせます。知りたいという欲求は人間の心の奥深くに存在しています。

神を見いだすことにより、私たちは知らないことからくる不安を軽くしようとします。先行きに不安を感じる状態のときは、人は確かな知識で安心させてくれる指導者にしたがいます。病気のときは、医者を崇《あが》めます。子どもなら、何でも知っているように見える大人に不安を鎮めてもらおうとします。成長して、両親が決して完璧ではないとわかると、今度は神、宗教的指導者、リーダーなどにその役割を求めます。

それでも**心の奥底では不安を感じています。**なぜなら、それでも「わからない」ということを自分でもわかっているからです。歴史学、考古学、そして心理学をもってしても、人類全体、または個人の過去を十分に説明することはできません。過去や未来どころか、この「いま」についてすら何ひとつ知る手掛かりはないのです。

では何ができるでしょうか。「わからない」ということを受け入れることが必要です。

たとえわからないことがあっても心穏やかに過ごすためには、その不確実さを歓迎しなくてはなりません。**自分たちの無知を心から受け入れることができたら、知らないものに対する不安を、畏敬や驚きという感情に変える準備ができます。**世界、そして人生を、奇跡に満ちた物語として見直すことができるのです。

Think

あなたは、どんなものに対して畏敬の念を覚えますか。世界は奇跡にあふれていると感じたのは、いつ、どんな場面だったでしょうか。

Action

ただ歩く

ポジティブ心理学の創始者のひとりである故フィル・ストーンは、私にとって教師以上の存在でした。1999年にフィルは私を第1回ポジティブ心理学サミットに連れていってくれました。学会2日目は、9月のありふれた一日でした。空はいくぶん曇りがちで、風はさわやかでした。午前中の講演の後、フィルは「歩きにいこう」と私を誘いました。「どこへ?」と私は尋ねました。「ただ歩くのさ」と彼は答えました。

これは私がそれまで学んだ中で最も重要な教えのひとつでした。

外へ歩きに出かけましょう。ただゆっくりと時間を過ごすという以外には何も目的をもたずに。そして、この世界の豊かさを味わい尽くしましょう。

街の鼓動、村の静けさ、海の広大さや森の生命力を感じ取る時間をとりましょう。

ただ歩くことを習慣にしてください。

ヘレン・ケラーは、次のようなことを書いています。

ある日、森の中を長い間歩いてきた友人に、ヘレンは森の中にどんなものがあったかと尋ねました。すると、友人は「別に何も」と答えたのです。そのときに感じたことです。

「1時間も森の中を散歩して、『別に何も』ないなんてことがどうしたら言えるのだろうと思いました。目の見えない私にもたくさんのものを見つけることができます。左右対称の繊細な葉、白樺のなめらかな木肌、荒々しくゴツゴツとした松の木の樹皮……。目の見えない私から、目の見えるみなさんにお願いがあります。**明日、突然目が見えなくなってしまうかのように思って、すべてのものを見てください。**そして、明日、耳が聞こえなくなってしまうかのように思って、人々の歌声を、小鳥の声を、オーケストラの力強い響きを聞いてください。明日、触覚がなくなってしまうかのように思って、あらゆるものに触ってみてください。明日、嗅覚と味覚を失うかのように思って、花の香りをかぎ、食べ物を一口ずつ味わってください。**五感を最大限に使ってください。**世界があなたに見せてくれているすべてのもの、喜び、美しさを讃えましょう」

「不変の叡智とは、ありふれた物事に奇跡を見いだすことである」

哲学者・思想家　ラルフ・ウォルドー・エマソン

Week 33

嫉妬から学ぶ

今週、感謝すること

私がコンサルタントをしていた会社のCEO（最高経営責任者）から、リーダーシップセミナーをしてくれるようにと頼まれたときのことです。私は、その分野の専門家で話がとても上手な友人に力を貸してくれるように声をかけました。そして友人と一緒にセミナーの計画を練り、ふたりで毎回順番に講義を受け持つことにしました。

ところがその友人がCEOと話しているところや、聴衆が彼の雄弁さに魅了されているところを見ているうちに、私は彼に一緒にやってくれるよう頼んだことを後悔しはじめました。彼に嫉妬を感じてしまったのです。嫉妬を感じている自分にいらだち、3日間ほとんど眠れませんでした。なぜ友人に嫉妬なんて感じてしまうのでしょう。

私はついに、自分が感じていることを彼に話すことに決めました。本心を打ち明けるために。そしてどうしたらいいかアドバイスを求めるために。すると、なんと彼もまた、私が教えている様子を見て嫉妬を感じたと言うではありませんか。

その日もその後も私たちはお互いの嫉妬の経験について話しあいました。話すことで気分が軽くなり、私たちはさらに親しくなりました。そして私たちが出した結論は、嫉妬は自然な感情であり、ある意味避けられないものだということでした。

友人も私も**嫉妬をしないようにするのは無理なことでしたが、その後どのように行動するかを選ぶことはできました。**

最初の選択としては、この感情的な反応を拒絶するか、受け入れるか、つまりそれを抑制してしまうか、認めるかを選ぶというものです。

次の選択としては、最初の衝動にしたがって協力することをやめるか、またはそれを乗り越えてさらに協力関係を築こうとするかという選択です。

もし私たちが最初の選択で、嫉妬の感情を受け入れることを選べば、次の選択をするのは非常に簡単なものになるでしょう。

負の感情を抑制しようとすればするほど、その感情は激しさを増し、私たちを支配してしまいます。

もし私が友人に対して嫉妬していることを認めなければ、友人に対して意地の悪い行動をとるようになり、そしてそれを正当化しようとしたでしょう。彼と一緒にいることで感じる不快感に別の理由を見つけだそうとしたかもしれません。

私たちは感情と理性の生き物です。**いったん何がしかの感情をもったら、その感情をもった理由を必要とします。**感情的反応の本当の原因に向き合い、自分の中の嫌な感情を認めなければ、不快に感じるのは相手の欠点のせいだと思うことでしょう。私たちは自分のことを悪く思いたくないばかりに、相手のほうが悪いのだとして非難してしまいがちなのです。

Think

どんなときに嫉妬や妬みを感じたか、思い出してください。いま感じている嫉妬はありますか。その感情を観察し、それを変えようとはせずに受け入れ、適切な行動をとれば、どんなことが起こると思いますか。

Action

妬みの対象を知る

望ましくない考えや感情を抑制することには、多くの害があります。

心理学者のレオナルド・ニューマンらは「防衛的投影」に関する研究で**「自分の欠点を認めたくない場合、人は他者にも同じような欠点を見つけようとする」**としています。こうした考え方は「つきまとうもの」となり、実際には誰もそうした欠点をもっていなくても、つねにまわりの人の中にそうした欠点を探すようになります。

あなたが嫉妬や妬みを感じたことを5つリストアップしてください。

ここ数週間に起こったこと、またはずっと前のこと、どちらでもかまいません。それぞれの状況について、関係のある人たちと話し合ったり、自分でそのときの気持ちを書いたりしてみましょう。
そうすることで、嫉妬や妬みの感情が和らぎ、その気持ちを手放すことができるようになります。

「起こったことを認めることが、不運な出来事を克服する第一歩となる」
心理学者　ウィリアム・ジェイムズ

Week 34

内なる声を聞く

今週、感謝すること

まわりの声や意見は、自分が人生で本当は何をしたいのかを知る手助けとなることがあります。

それと同時に、そうした声や意見は自分の内なる声を聞く邪魔にもなります。

自分の使命、天職を知るのは簡単なことではありません。

それでもなお、**最大限の幸せを感じるには、社会的な価値基準にとらわれることなく、自分がしたいと思うものを見つける必要があります。**

それは私たちの心のいちばん奥深いところから湧きあがってくる情熱です。

その声にしたがうことが、幸福感と健全な自己信頼感を育てるためにとても大切なことなのです。

Think

どんなときにいちばん自分らしいと感じますか。どの分野において、もっと自分の内なる声を聞く必要があると思いますか。

Action

「誰にも知られることはない」という魔法にかかる

「誰にも知られることはない」という魔法の呪文にかかったと思ってください。これからの人生で、そして死んでからも、**誰もあなたがこの世界でしているすばらしい行ないを知ることはありません。**

友人との日常的な交流は続きますが、彼らはみな、あなたは他人には影響のない、よくある仕事でもしているのだろうと思っています。

他人に大きな貢献をしたり、世界中の何百万もの人々の心に響くことをしたり、地域社会の中でボランティアをしたり、お年寄りを手伝ったりしてもいいでしょう。

しかし、誰ひとりとしてあなたがやったことだとはわからないのです。

「本当に大切なもの」を知る

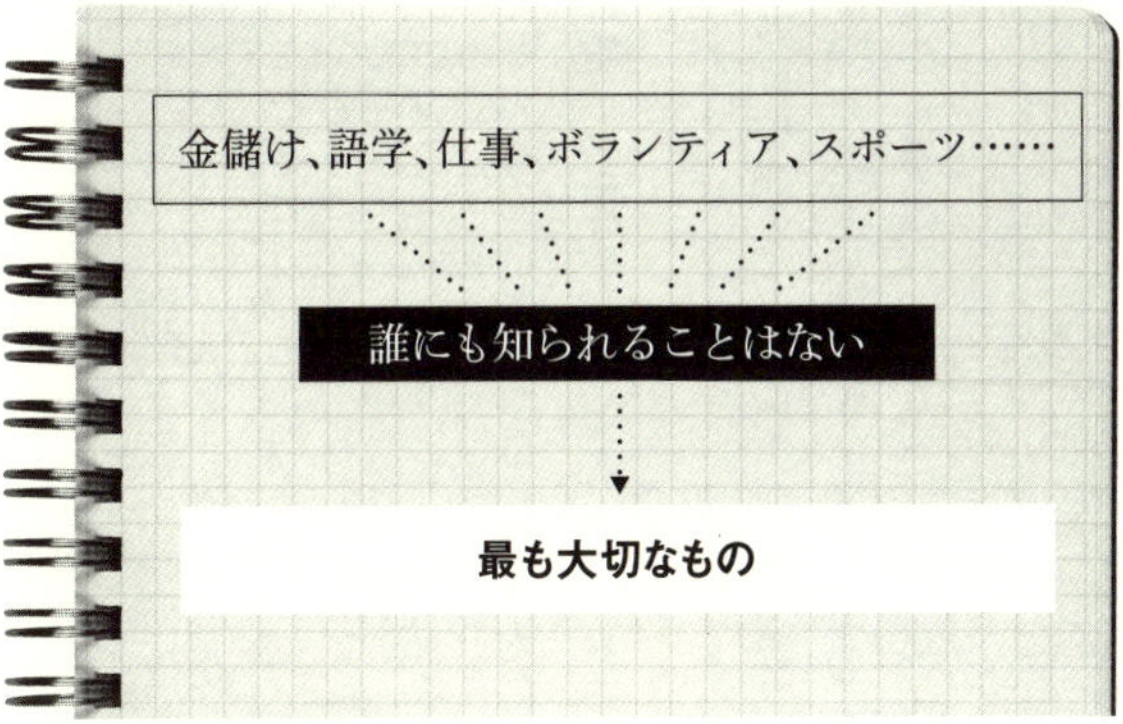

世界でいちばんお金持ちにもなれますが、その富を見せびらかすことはできません。

あなたは誰にも感謝されないし、仕事も評価されないし、どんなにすばらしい生き方をしてもほめてはもらえないし、どんなに裕福でも気がついてもらえません。

ただひとりあなただけが、自分がどんなにすばらしいかを知っているのです。

このような世界であなたは一体、何をしますか。

どんな仕事をして、どのような

生き方をするでしょうか。

魔法にかかったこの状況での生き方を考えた後で、いまの自分の生き方と比べてみましょう。

いまの生き方、またはそうしたいと思っている生き方と似ているか、まったく違っているか、よく考えてみてください。

このワークはどのように生きるべきかという処方箋を与えるものではありません。しかし**これは、あなたにとって最も大切なものは何かに気づくための唯一の方法**なのです。

「まわりの意見にしたがって、世間の中で生きるのは簡単だ。自分の考えに基づいて、孤独の中で生きるのも簡単だ。しかし偉大な人間は、群衆のただ中にありながら、孤高の精神を完璧な優しさとともにもちつづけている」

哲学者・思想家　ラルフ・ウォルドー・エマソン

Week 35

自分の感情を理解する

今週、感謝すること

アリストテレスの有名な無矛盾律（ある事物について同じ観点でかつ同時に、それを肯定しながら否定することはできないということ）から、論理的に「同一性の法則」を導きだすことができます。

同一性の法則とは、**「あるものはそのもの自体であり、それ以外のものではない」**というものです。たとえば「人は人である。人以外のものではない」と認めること、あるいは「猫は猫」「感情は感情」と認めることです。

無矛盾律もしくは同一性の法則がなければ、アリストテレスが言うように「何も証明することはできない。証明のプロセスが延々と続き、どんな問題に対しても出た結果が証明とはならない」ということになります。

私たちが「あるものはそのもの自体である」ということを認めなければ、ある言葉が何を意味するかという共通の理解をもつことすらできなくなってしまうでしょう。暗黙のうちに同一性の法則を認めているからこそ、私たちはお互いに意思を通わせて理解しあうことができるのです。

同一性の法則が示しているのは、**物事はそのものとしてあるがままに存在し、誰かが、または世界の全人口が望んだとしても、それを別のものに変えることはできない**という事実です。

エイブラハム・リンカーンは「尻尾を足と呼べば、犬には何本の足があることになると思う?」と問いかけ、「4本だよ。尻尾を足と呼んだところで、足になるわけじゃない」と自ら答えたといいます。

同一性の法則は、一見当たり前のことのようですが、じつは私たちの生き方にも関係があります。哲学者だけでなく、私たちすべてがこの法則の意味するところを受け入れなければなりません。

「あるものはそのもの自体である」ということを認めずに行動すれば、悲惨な結

果を招きます。たとえば、もしトラックを何か別のもの、たとえば花だとでも認識すれば、ひかれてしまう危険性があるでしょう。同じように、有毒のシアン化物をあたかも食べ物のように扱えば、死の危険性に瀕するでしょう。

多くの人がトラックや毒といった物理的なものに関しては同一性の法則を尊重する一方で、感情面においては（とくにつらい感情である場合）、この法則を尊重することを難しいと感じます。その感情を認めることが自尊心を傷つけるからです。

勇敢であることが大切な場合、恐れを感じていることをなかなか認めようとはしないでしょう。心が広いと思いたい場合は妬みの感情を認めることは難しいでしょう。

しかし、精神的に健康でありたいならば、**何よりもまず、いま、自分が感じていることを感じているように受け入れなくてはなりません。**現実の尊重が大切なのです。

Think

あなたや他の人が現実を尊重できず、同一性の法則を無視した経験を考えてみてください。結果はどうでしたか。

Action

「あるがまま」を感じる

西洋世界に禅の思想と実践をもたらした哲学者アラン・ワッツは、「禅の達人と普通の人との違いは、普通の人はいろんな意味において、自分の人間らしさと闘おうとすることだ」としています。言い換えると、禅の達人は自分の持って生まれた性質に抗わず、「人間であること」を自分に許します。

この禅の思想は、日常生活に同一性の法則を適用したものです。同一性の法則を心に留めながら、**人間としての自分を許すための瞑想を次の指示にしたがって行なってみてください。**

いすに楽な姿勢で座ってください。横になってもよいでしょう。座る場合は楽にリラックスして床に足がつくようにしてください。目を閉じて、呼吸に集中するようにします。お腹の中いっぱいに空気を送りこむように深く息を吸い、そして、吐きます。優しく、静かに、ゆっくりと、呼吸を続けます。さあ、感情に、そして感覚に集中してください。平穏、幸せ、不安、混乱、退屈……。あなたがいま、どう感じているかにかかわらず、**お腹の中まで届く深い呼吸を続けながら、気持ちに集中して、自分の感情を観察してください。**

ゆっくりと2、3回、呼吸を続けます。感情がどんなものであれ、ただそのままにして、自然に自分の中を流れていくようにします。

人間である自分を許し、あるがままに解き放たれる時間をもちます。

さあ、想像の中で、自分がいま座っている場所から離れ、通りに出たり、仕事に行ったり、または別の場所へ行ったりしてみてください。自分が歩いている姿を心の目で眺めながら、人間である自分を許して、怖れや不安、喜びや幸福感といったいろんな感情を自由にもつようにしてください。

自然の性質を打ち負かそうとするのではなく、それを受け入れ、自分が何者であるかを認めるとき、人生はずっと軽やかに、ずっと単純になります。
自分の中に流れるあらゆる感情を認めながら、呼吸に集中をもどします。
息を吐きながらゆっくりと静かに目を開けます。

「自然の出す命令には、したがわなくてはならない」

哲学者　フランシス・ベーコン

瞑想の手順

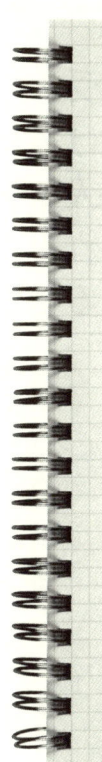

1. 楽な姿勢で座る（横になる）

2. 深く息を吸い、ゆっくりと吐く

3. 自らの感情、感覚に集中する

4. 人間である自分を許し、
あるがままに解き放たれる

5. 想像の中でさまざまな場所に行き、
さまざまな感情を味わう

深くリラックスして、
ありのままの感情をじっくりと味わってください。

Week 36

受け入れる

今週、感謝すること

起こったことを何でも受け入れようと決めるとどうなるか、想像してみてください。

たとえば、学年の終わりの成績表を気にかけることなく、いろんなことを学びながら、1年間の学校生活を送ることを考えてみてください。結果的にどんな成績であったとしても、それを学びと成長に必要な要素として受け入れることができるとしたら、どんな1年になるでしょう?

また、自分の欠点を隠す必要のない関係性を誰かと築いているとしたら?

朝起きて、鏡の中のありのままの自分を抱きしめることができたら、どんな気持ちになるでしょうか。

ただし、ひとつ気をつけなくてはいけないことは、**受容の精神は万能の薬ではない**ということです。「受け入れること」のみによって幸福な人生を追求すれば、必ず多くの混乱が生じます。

何でも受け入れることができれば奇跡が起こると勘違いして、無理をして完璧な心の平穏を探そうとすれば、それがうまくいかないときに、かえってイライラがつのり、自己嫌悪に陥ります。

すべてを完全に受け入れることができる、そして完全に平穏な境地に至ることができるというのは幻想です。モナ・リザのような永遠のほほ笑みをずっと保てる人など存在しません。

もう少しだけ自分に優しくしてみましょう。

失敗も成功も充実した人生の一部として受け入れ、怖れや嫉妬や怒り、そしてときには**自分を受け入れられないこと自体を受け入れてみましょう。**私たちはただ単に、そしてどこから見ても人間なのです。

Think

自分と自分の感情をすべて受け入れたときのことを思い出せますか。どうしてそれができたのでしょうか。いま、すべてを受け入れていると感じていますか。

Action

自分を許す

自分のノートに、左のページの未完成文章の後半部をそれぞれ最低6つずつ、思いつくままに書いてみてください。分析したり、考えすぎたりしてはいけません。

書き終わったら文章をじっくりと見直し、実行に移すことを決めて書きだしてみましょう。

「変化の最初の段階は気づくことだ。次の段階は受け入れることである」

心理学者　ナサニエル・ブランデン

自分を受け入れるには？

自分も人間であると許すならば……

感情を拒絶したときには……

あと５％完璧主義者でなくなれば……

あと５％現実的になれば……

最善主義者になれば……

成功したことをあと５％正当に評価するなら……

失敗を受け入れれば……

私が怖れていることは……

私が望んでいることは……

わかりはじめてきたことがあります。それは……

あまり考えず、直感的に文章を続けてください。その後で実行に移すことを書きだしてください。

Week 37

偉業を観察する

今週、感謝すること

エレン・ランガー教授は学生を2グループに分け、偉大な業績を上げた科学者たちの知能について評価させるという実験を行ないました。

最初のグループには、科学者たちがどうやって成功を達成したかについては何の情報も与えませんでした。

学生たちは科学者たちの知能を非常に高いと位置づけ、彼らの成功は普通ではとうてい達成できないものとして評価しました。

2番目のグループにも同じ科学者たちの業績を知らせましたが、成果だけでなく成功までのプロセス、つまり試行錯誤を重ね、ときには後もどりした道のりについての情報も与えました。

第2グループも最初のグループと同じように科学者たちの業績に感銘を受けましたが、**科学者たちの偉業は自分たちにも達成可能なものであると評価しました。**

この実験から、以下のことがわかりました。最初のグループは科学者としての業績のみを知らされたことで、結果という現実の一部しか見ない完璧主義者の思考になってしまいました。

一方、2番目のグループは、どうやって成功したかというプロセスを知らされたことで、過程と結果という現実を全体として見る最善主義者の見方をすることができたのです。

いうまでもないことですが、**すべての成功にはそこに至る過程があります。**

成功を勝ち取るまでには長年研究を重ね、数多くの失敗に耐え抜き、苦悩し、落ちこんだり舞い上がったりという浮き沈みを経験しているのです。

たとえば音楽の世界には「一夜にしての成功」が満ちあふれているように見えます。しかし大ブレイクしたミュージシャンでさえ、成功するためには、何年にもわたって長く厳しい下積みを経験しています。

人は他人の成功を見るとき、そこに至るために要したエネルギーや時間は軽視して、その成功は私たちが達成し得ないもの、つまり超人的な才能によって成し遂げられたものと考えてしまいがちです。

しかし、ランガー教授はこう言います。

「誰かが何かをどうやって達成したかをじっくり検証してみると、**彼らは本当に苦労しているし、自分たちもそこまでやればなんとかできるのではないかと思えるようになる。**〔中略〕偉大な高みは一見、到達不能に見えるが、じつは順番に段階を踏んでいけばいいのだと知ることができる」

Think

あなた個人が達成したことについて考えてみましょう。それを成し遂げるための浮き沈みや苦悩、困難にはどんなものがありましたか。

Action

成功までの道筋をつくる

あなたが**「達成できないのではないか」と不安に感じている、どうしても**

達成したい大切な目標を書きだしてください。

次に、どうやってその目標を達成するかを書いてみましょう。

そこには成功するのに必要なステップ、直面するかもしれない障害や試練、そしてどうやってそれらを克服するかも書きだしてください。

待ち受けているかもしれない落とし穴はどこにあり、もし落ちてしまったら、そこからどうやって這《は》い上がるかも考えてください。

そして**最後に、目標に到達している様子をイメージし、どのようにして到達したかを書きだします。**

できるかぎり、ありありと冒険物語のように話を展開させてください。他の目標についても、このワークを繰り返してください。

「天才とは1%のひらめきと99%の努力である」

発明家　トーマス・エジソン

Week 38

「ありがたい敵」をつくる

今週、感謝すること

19世紀のイギリスの哲学者ジョン・スチュアート・ミルは、画期的な著作『女性の解放』の中で女性の自由を提唱しました。

ミルは、男性と女性が平等であるときのみ、「互いを敬うことのすばらしさを享受し、ときには導き、ときには導かれるという喜びを交互にもちながら成長の道を歩む」ことができると説いています。男女がそれぞれ違うタイミングで主導権を握り、パートナーのさらなる成長を導くのが健全な関係なのです。

「ときには導き、ときには導かれる」という考え方は男女の関係だけではなく、他のあらゆる親密な人間関係にもあてはめることができます。

ラルフ・ウォルドー・エマソンはエッセイ「友情」の中で、対立は友情を築くために必要な前段階であると認めています。エマソンは「妥協に基づいた同意」や「意味のない便利さ」ならいらないと言います。何事にも同意する友人ならほしくないというわけです。むしろ「ありがたい敵」、つまり決して自分の思い通りにはならないけれど、心から敬愛できる人間であることを友に求めています。

よき友であろうとして、私がすることや言うことに何も反論せずに支持をしてくれるだけの相手は、私を成長させてはくれません。とはいえ、何の心配りもなく反論してくる人は、対立するばかりでいやなものです。

真の友は、私に対してありがたい存在であり、敵としての役割も果たしてくれます。

「ありがたい敵」とは、私の言動に異議を唱えるものの、同時に私を人として無条件に受け入れてくれる人のことです。私を尊敬し愛してくれているからこそ、私の考えや行動に疑問を呈してくれるのです。

そして私の言動に対して異論があったとしても、人として私を大事に思う気持ちに何の変わりもないのです。

Think

あなたの人生において、誰が「ありがたい敵」でしょうか。どのような方法であなたを助けてくれましたか。あなた自身はどうやって他の人にとって「ありがたい敵」となることができますか。

Action

対立を解決する

深刻な対立でも、ちょっとした言い争いでもいいので、誰かともめた経験について思い出してください。**そのもめごとが、あなたとその人にとって、幸せという「究極の通貨」を与えてくれるものか奪ってしまうものかという視点で考えてみましょう。**

そしてあなたや他の人が得られる幸福を最大にできる解決方法について知恵を絞ってみましょう。それを書きだしてみてください。許したり、何もなかったことにしたりすることが最良の解決法となるでしょうか。

一方、ある種のいざこざは、非常に高い代償を支払わなければならず、そんなものにこだわりつづけるのは、何の意味もないという場合もあるでしょう。

にもかかわらず、何らかの理由によって多くの人々が家族や友人、または自分が所属する組織との間に不要な対立をもちつづけていて、それによって誰もが不利益をこうむっているのはよくあることです。

たとえば、自分にこんなふうに問いかけてみてください。

「自分を裏切った友人に恨みをもちつづけていることは価値のあることだろうか」「そのことで自分もその人も幸せになれるだろうか」「正面から話し合いをし、私が傷ついたことを伝えたうえで友情をふたたび築こうとするほうが得策ではないだろうか」

「私たちと対立する者は、私たちの精神を鍛え、能力を高めてくれる。対立する者は支援者である」

哲学者・政治家　エドマンド・バーク

Week 39

可能性を信じる

今週、感謝すること

心理学者のキャロル・S・ドゥエックの定義によると、「固定型思考」とは、「私たちの能力（知性や身体的能力や人格や対人スキルなど）は固定的なものであり、変えることはできない」という考え方です。

こうした思考タイプの人は、「天賦の才があれば、学校や仕事やスポーツの分野、そして人間関係でも成功するだろうし、なければ永遠に能力不足で失敗するように運命づけられている」と考えます。

一方、「発展型思考」とは、**「私たちの能力は柔軟で、生きているうちに変えることができる」**という考え方です。

この思考タイプの人は、「私たちはある種の能力を持って生まれるが、これはスタート地点に過ぎず、成功するためには物事に専念し、時間をかけながら非常に大きな努力をしていかなくてはならない」と考えます。

小学5年生を2グループに分けて行なったユニークな研究で、ドゥエックはたった一言の言葉かけによって、子どもたちに「固定型思考」と「発展型思考」のどちらを植えつけることもできるということを明らかにしました。

その実験では、**持って生まれた知的能力よりも努力をほめる言葉をかけられたグループの生徒のほうが、同じ課題をうまくこなし、より幸せを感じた**のです。

ドゥエックの研究結果を見ると、私たちが普段、口にする言葉がこれほど大きな影響を人に与えてしまうのかと不安になります。

それと同時に、言葉かけひとつでこんなにもポジティブな影響を人に及ぼすことができるのかと勇気づけられもします。

ほめるべきは、どうすることもできない「持って生まれた能力」ではなく、子どもたち自身の力でなんとでもできる「努力」なのです。

Think

時間をかけて努力した結果、伸ばすことができた能力や技能について考えてみましょう。テニスの腕前でもいいですし、人前で話す能力でも、勇気や共感する力でもいいでしょう。その能力を向上させるために、あなたは何をしましたか。

Action

自分への偏見を破る

私たちはみんな、自分がどんな能力をもっていてどんな限界があるのか、自分なりに知っています。

この手の数学は不得意だとか、怒りやすいとか、決断することは苦手だとかといった自分に対するイメージは、子どものころに植えつけられることが多く、いったん「これが自分だ」と思ってしまうとそれを変えることは難しいのです。

幼いころに誰かが言ったことや自分が思ったことで、自分の能力や技能を低く見てしまうようになった経験はないか考えてみてください。たとえば、スピーチや運動は不得意だとか、料理は下手だと思いこんで上手くなるのをあきらめてしまったといった経験のことです。

そうした事柄を5つ書きだしてみてください。もし思い出せるなら、そう思いこんでしまった理由も書いてみましょう。

その理由は合理的なものですか。

やってみたいこと、もっと得意になりたいこと、変えたいこと、進歩したいことには何がありますか。

「あなたは、自ら受け入れて、行動の規範としている情報を体現しているだけだ。取り巻く状況を変えるには、考え方とそれに基づく行動を変えなければならない」

実業家　エイドリン・シンクレア

Week 40

人を伸ばす

今週、感謝すること

オーストラリアに滞在していたときのことです。

あるラジオ番組で、会社経営者たちが大卒の新入社員についての不満を語っているのを耳にしました。

高等教育を受けた頭のいい20代前半の新入社員たちは、絶え間なくおだてたりほめたりしなくてはならず、批判めいたことを口にしようものならたちまち不機嫌になり、仕事を辞めてしまう者さえいるというのです。

アメリカをはじめ、他の先進国においても、管理職は同じ問題に直面しています。スパルタ式の教育を受けた世代の人間にとっては、この甘やかされた傷つきやすい新入社員はじつに頭の痛い存在です。

キャロル・ドゥエックはこうした新人たちを「ほめられ世代」と呼んでいます。彼らは心優しい親と教師に囲まれて育ちました。親や教師たちは子どもたちの自尊心を育て、自信をもたせたいという願いから、絶え間なく無条件のほめ言葉を与えてきました。

そして、子どもたちの脆《もろ》いプライドを傷つけるかもしれないからと、批判めいた言葉は口にしないようにしてきました。

しかし結果は裏目に出てしまいました。**高い自己信頼感をもった大人になるどころか、彼らは自信のない甘やかされた人間になってしまったのです。**ドゥエックは次のように述べています。

「いま、私たちの職場には、つねに安心させることが必要で、批判を受けつけない人間があふれている。挑戦し、粘り強さを発揮し、間違いを認めてそれを正していくことが求められるビジネスの世界で、そんな人間が成功するとは思えない」

Think

あなたは、子どもや他の人をどんなふうにほめていますか。努力やプロセスに焦点をおいてほめていますか。あなたには、しっかりした大人となるための道を指し示してくれた教師はいましたか。あなたの子どもには、そんな教師はいますか。

Action

最高の教師から学ぶ

あなたがこれまでに出会った最高の教師について書いてください。

それは親かもしれませんし、あるいは小学1年生のときの先生、または大学時代の教授や仕事で面倒をみてくれた職場の上司かもしれません。

その教師は、あなたのどんないいところを引き出してくれましたか。自分の子どもやよその子どもたちと関わるときに、その教師が教えてくれたどんなことが役に立つでしょうか。

次に人生の中のさまざまな分野で、あなたが果たす教師としての役割について考えてみてください。

職場や家庭、その他の場面で、どうすればその教師から学んだことを応用できますか。

別の教師についても思い出してみて、最初に挙げた教師と比較してみましょう。

ふたりはどんなところが似ていて、どんなところが違いますか。あなたが教師の役割を果たすときに取り入れることのできる効果的な教育の仕方として、他にどんなことを教師たちから学びましたか。

「人間にとってこれほどひどい呪いはないのではないかと私は考える。それは、努力なしにすべての願いが完全に叶えられ、希望や欲望、そして葛藤さえ残らないことである」

作家　サミュエル・スマイルズ

Week 41

決断をする

今週、感謝すること

実業家として有名なジム・バークは、1989年に引退するまでの13年もの間、ジョンソン・エンド・ジョンソンのCEO（最高経営責任者）として活躍しました。

彼は仕事をはじめたばかりのころ、「司令官ジョンソン」と呼ばれたロバート・ウッド・ジョンソン・ジュニアから、失敗に学ぶことの大切さを教わったといいます。

バークの開発した商品が大失敗してしまったとき、バークは当時会長だったジョンソンに呼ばれました。彼はクビを宣告されるだろうと覚悟していました。ところが、ジョンソンは握手を求めてきてこう言ったのです。

決断がなければ成功もない

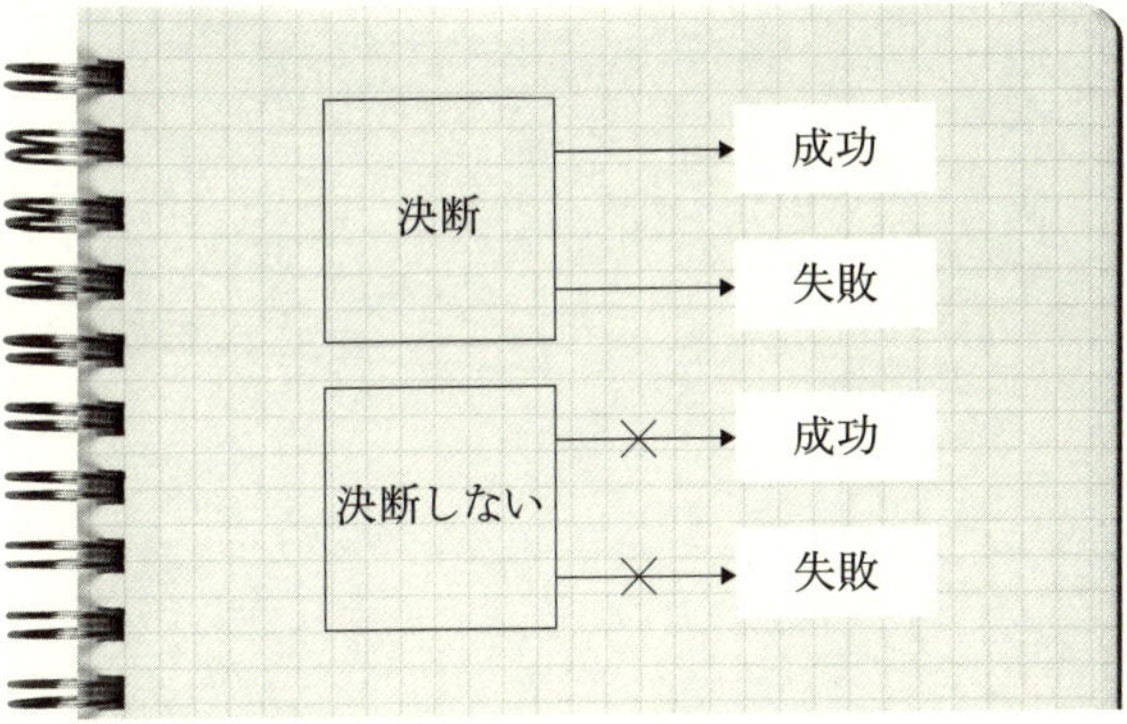

「おめでとうを言いたくて君を呼んだんだ。**ビジネスとは決断だ。決断をしなければ失敗もない。**私のいちばん難しい仕事は、社員に決断するようにうながすことなんだよ。もう一度誤った同じ決断を下せば、クビにする。でも他のことなら、どんどん決断をしてってくれ。そして成功するよりも失敗することのほうが多いということを君にもわかってほしいと思っている」

バークは自分がＣＥＯになった後も、同じ経営哲学を信奉しつづけました。

「リスクを冒さなければ成長はあり得ない。成功している会社はどこも、山

のような失敗をしている」

ジョンソン・エンド・ジョンソンに入社する前、バークはすでに3つの事業で失敗していました。

自分自身の失敗を公表し、ジョンソンとのエピソードを繰り返し語ることで、バークは社員たちに重要なメッセージを送りつづけたのです。

Think

あなたが働いている組織、またはよく知っている組織が犯した失敗について考えてみましょう。その失敗からどんな教訓が生まれたでしょうか。そこからもっと学ぶことはできたでしょうか。失敗から学べるような環境づくりをしている経営者を知っていますか。そうした経営者が特別に行なっていることは何でしょうか。

Action

失敗を見直す

失敗したくないので決断を下したくないと思うのは当然のことであり、誰もが決断をためらいます。

しかし、事を成した人間が大成するまでに何度も何度も失敗していることは、歴史が証明しています。

子どもを育てることから、会社を経営するといったことまで、現在あなたがしていることについて考えてみましょう。

過去1年間であなたの決断が直接の原因となった失敗の中で、最悪のものを3つ書いてください。

そしてその横に、その過ちによって得た学びや気づきを書きだします。

このリストを見えるところに貼り、定期的に目を通すようにすれば、失敗は学ぶのに絶好の機会となり得ることに気がつくでしょう。

「もっと成功率をあげたいと思うなら、倍の失敗をしなさい」

IBM創業者 トーマス・J・ワトソン・シニア

Week 42

安心できる場所をつくる

今週、感謝すること

現在はハーバード・ビジネススクールの教授となっているエイミー・C・エドモンドソンが、博士課程の大学院生として、組織行動学の第一人者であるリチャード・ハックマン教授のもとで研究していたときのことです。ハックマンは**「効率的なチームワークは、ゴールが明確で優秀な人材のいる環境下に生まれる」**と説いており、エドモンドソンはそんな効率的なチームワークを発揮している医療チームでは、ミスは少なくなるだろうという仮説を立ててリサーチを行ないました。

しかし、リサーチの結果は驚くべきものとなりました。

ハックマンの説く「効率性の条件」を満たす医療チームの中では、ミスが少ないどころか、他のチームより多くのミスが起きていたのです。

これは何十年にも及ぶ研究と矛盾するものでした。一体何が起こっているのか。どうしてこんなことになったのか、エドモンドソンは悩みました。

しかし、しばらくして、その原因がわかりました。

チームワークのいいチームは**「より多くのミスを起こすのではなく、より多くのミスを報告していた」**のです。

エドモンドソンは、自分の仮説を修正し、それを実証するために、もう一度病院でリサーチを行ないました。そして「効率性の条件」を満たすチームのほうが、明らかにミスが少ないということをデータで証明しました。条件を満たさないチームは、実際にはたくさんのミスを起こしているにもかかわらず、その事実を隠すので、外部の人間にはそのミスが見えないのです。そうしたチームが報告するミスは、患者の死亡などといった隠しようのないミスに限られていました。

エドモンドソンの研究は「失敗して学ぶか、学ぶこと自体に失敗するか」という概念を個人の領域から広げて、集団や組織に応用したものです。絶えず変化しながら、個人として向上していくこと、組織として学んでいくことが競争力につながる世界では、失敗の報告を恐れることは長期にわたる失敗を引き起こしかねません。

エドモンドソンはこの研究結果から、**うまく統率されたチームでは「心理的な安全性」が確保されている**ことを発見しました。そこでは遠慮なく意見を言っても、助けを求めても、たとえある業務で失敗しても、決して恥ずかしい思いをさせられたり、罰せられたりしないという安心感があるのです。

チームリーダーが心理的に安全な環境をつくりあげ、メンバーが失敗に対して否定的感情をもたずに、ミスを共有し話しあうことができれば、チーム全員が学び、向上することができます。その反対に、批判を恐れてミスが隠蔽されるようであれば、何も学ぶことはできず、ミスが繰り返されることになるでしょう。

Think

あなたが「心理的に安全」と感じた場について考えてください。それは職場や、家で両親と一緒にいるときや、特定の教師のいた教室かもしれません。現在と過去、両方について考えてください。どんな気持ちだったでしょうか。そこは、安心感を感じられない場所とどう違っていたのでしょうか。

Action

ベストを引き出す

あなたはまわりの人が安心できる場をつくっているか、考えてみてください。子どもたちや社員や友人やパートナーに対してはどうでしょうか。

一般に人がどういう行動をとるかは個々人の性格によるものと思われていますが、じつは環境によって影響を受ける場合が多くあります。たとえば同じ子どもでも環境が変わると、まったく違った行動をとったりします。

あなたはこれまで、どんな環境のときに、自分の最高の部分が引き出され

たでしょうか。

子ども時代や大人になってからのことも思い出してください。

また、あなたのまわりの人たちの最高の部分を引き出せるような場は、どうすればつくることができるでしょうか。

「もし間違いをする自由がないとしたら、自由にはまったく価値がない」

政治指導者　マハトマ・ガンジー

Week 43

親密な関係をつくる

今週、感謝すること

セラピストのデイヴィッド・シュナーチは、年齢を重ねるにしたがってセックスはどんどんよくなっていくものだと指摘しています。シュナーチは「セルライトの量とセックスの潜在能力には大きな相関関係がある」としています。

セックスに関する潜在能力は50代、60代が最高で、新しい相手とのセックスよりも、何十年も一緒にいたパートナーとのセックスのほうがはるかにいいというのです。これは従来の常識に真っ向から対立する斬新な考え方です。

たしかに、64歳よりも24歳のほうが性的刺激には敏感に反応し、30年来一緒にいたパートナーといるよりも、セクシーな人と初めて出会ったときのほうが肉体的には強く反応します。

しかしシュナーチが指摘するように、すばらしいセックスとはパートナーへの刹那的な生理学的、肉体的な反応から生まれるものではありません。**それは心と体が合わさって生まれるもの**なのです。

シュナーチは「生殖適齢期（生殖に最も適した時期）」と、「性愛適齢期（大人のエロティシズムと感情的なつながりを享受できる時期）」を対比させています。性愛適齢期として考えれば、齢をとればとるほど人は成熟していくといいます。

シュナーチはこう述べています。

「セックスを通して本当に深い性愛を感じたいと思うなら、18歳は健康な60歳にはかなわない。人間は成熟するにつれて、より深いセックスと性愛を堪能することができる」

肉体はある年齢を過ぎると徐々に衰えていきます。50歳の体では、その半分の年齢のときにできたことを全部できるわけではありません。だから、単に肉体的な行為であるセックスと、心と体が合わさったセックスとの違いを理解できない人たちは「衰退型思考」に陥ってしまいます。

「発展型思考」の人がセックスを時とともによくなるものととらえ、「固定型思考」の人がセックスには変化はないと考えるのに対して、この「衰退型思考」の人たちは、セックスは時とともにいいものではなくなっていくと考えます。

その考え方が、セックスの喜びを奪い、自らの思いこみによる予想を体現させます。そして、セックスが本当につまらないものになっていくのです。

Think

ベッドルームをもっと喜びで満たすためにはどうすればいいでしょうか。どんな思いこみを手放す必要があるでしょうか。

Action

他人の関係に学ぶ

長期的にいい関係を続けているカップルのそれぞれに話を聞いてみましょう。

完璧なカップルはいないということを頭におきながら、**彼らの関係性から何を学べるかを考えてください。**話を聞く時間は、それぞれ15分から1時間ぐらいの間で自由に決めてください。

質問としては、

「関係がうまくいっている理由は何ですか?」

「ふたりの関係がどんなふうにあなたを人として成長させましたか?」

「ふたりの間の争いごとにどうやって対処しましたか?」

「健全な関係を育むためのアドバイスは?」

といったものが考えられるでしょう。

そのインタビューから学んだことを書きだしてみましょう。

そして長期にわたる豊かな関係を築くために、あなた自身が必要だと思ったこと、感じたことも書いてください。

「最良の友と、近しく、対等で、互いの成長の助けになる親密な生涯のつきあいをすることほど、幸せをかたく約束してくれるものはないだろう」

社会心理学者　デイヴィッド・マイヤーズ

Week 44

バランスをとる

今週、感謝すること

20代のころ、私は情熱的な完璧主義者で、すべてをほしがり、そしてある程度は、すべてを手にしていると思っていました。長時間働き、人づきあいもほどほどにするといった生活（ワーク・ライフ・アンバランス）に満足していました。その後、結婚して子どもができると、私を取り巻く世界は一変しました。

優先するものが変わるにつれ、したいことをする時間がとれなくなってきたのです。私は職場でも家庭でもイライラを感じることが多くなりました。やりたいことがありすぎて、どんなに一生懸命に働いても、どんなに家族と一緒に時間を過ごしても、十分ではないと感じてしまうようになりました。

状況をよく分析してみると、私には充実させたいと思う5つの重要な分野があ

りました。

いい親であること、いい夫であること、仕事を充実させること、いい友人であること、そして健康であることの5つです。

この5つは、人生における大事なことすべてをカバーしているわけではありませんが、私が大きな意義を感じている分野でした。そしてこの分野には時間をしっかりと使いたいと思いました。

自分の人生に対して、私は新しい方針を立てることにしました。**したいことをすべてしようとするのではなく、大切な5つの分野の中で、どの程度の活動が「ちょうどいい」のかを考えてみました。**

完璧な世界では、私は1日に12時間働きますが、現実的には9時から5時まで働くのが妥当です。たとえそれでいくつかの仕事を断ることになっても仕方のないことです。完璧な世界では1週間に6日、1回1時間半のヨガをやり、同じぐらいの時間をジムで過ごすでしょうが、現実には1時間のヨガを週2回、30分間のジョギングを週3回するぐらいがちょうどいいのです。

同じように、週1回妻と外出し、友人との会食も週1回、残りの夜は家で妻と子どもたちと一緒に過ごすというのは、完璧主義者の理想からすると物足りないのですが、これが現実的でした。

これこそが最善主義的解決法だと私は思いました。これが人生のさまざまな要求や制約に対応し、私ができる精いっぱいのことだったのです。

この「ちょうどいい」やり方を採用することで、私は大きな解放感を覚えました。

期待していることを現実的なものにすることによって、新しい意味での満足感がイライラにとって代わりました。

そして意外なことに、**私はそれまでよりさらにエネルギッシュになり、物事に集中できるようになったのです。**

Think

あなたにとって人生で重要な分野は何ですか。どうすればそれらの分野を「ちょうどいい」活動で満たすことができますか。

Action

「あきらめること」を決める

人生の中であなたにとって重要な分野をリストアップしてください。

職業、家族、恋愛、友人、健康、旅行、趣味、芸術などといった分類があげられるでしょう。

最初にそれぞれの分野ごとに、理想的には何がしたいか、またそれにどれくらい時間をとりたいかを書きだします。

それからそれぞれについて**何をあきらめられるか、何が絶対に必要かを決めます。**そして絶対に必要なものを「ちょうどいいリスト」に書きだします。

たとえば、「仕事」の分野では1週間に80時間働くことが理想的かもしれませんが、制約や希望を考えると、それは現実的ではないでしょう。あなたにとって「ちょうどいい」労働時間は週に50時間かもしれません。

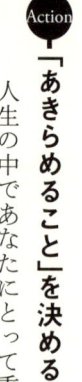

友人には仕事の後いつも会うことが理想的かもしれませんが、「ちょうどいい」のは週2回かもしれません。

完璧な世界では、ゴルフをするのは1カ月に15回かもしれませんが、「ちょうどいい」のは月に3回ぐらいでしょう。

書き入れたことを生活に取り入れた後も、ときどきリストを見直してください。あまりにも多いことをしようとしてはいませんか。それとも少なすぎませんか。何か変化はありましたか。ある分野で妥協したことで、幸福感が減ってはいませんか。そうであれば、他の分野の活動を少し減らし、その分野の活動をもう少し増やすことは可能でしょうか。

最適なバランスを見つけるのは簡単ではありません。私たち自身やまわりの状況の変化につれて、自分にとっての必要性や欲求も変わります。外的な制約と同様、自分にとっての必要性や内からの願望も大切にしましょう。

「日々をどう過ごすか。それが、人生をどう生きるかということだ」

作家　アニー・ディラード

現実的にできることを知る

分野	理想	ちょうどいい
職場	80時間労働	50時間労働
友人	毎日会う	週2回会う
ゴルフ	1日おきに 1ラウンド	月に3ラウンド

あなたが大切にしたい分野について、「ちょうどいいリスト」をつくってください。実際にできることがわかれば、いままでよりずっと物事に集中できるようになります。

Week 45

お金を理解する

今週、感謝すること

ノーベル経済学賞受賞者ダニエル・カーネマンは、ここ数年、研究対象を「幸福」に移してきています。カーネマンとその研究仲間は、**「富と幸福の間の関連性は低い」**ということを発見しました。

『サイエンス』誌に発表された研究結果は次のとおりです。

「高収入があると幸せになれると広く思われていますが、それは幻想にすぎません。平均以上の収入のある人は比較的人生に満足してはいますが、そのときどきの体験において他の人と比べてより幸せを感じるというわけではありません。収入の高い人たちは他の人たちより気を張っており、楽しむための活動に費やす時間が少ない傾向があります。

さらに、**収入が人生の満足度に与える影響は一時的なものにすぎない**ことがわかってきました。人は、自分や他人の人生を評価する際、固定化した成功パターンに焦点をおいて考えるため、収入の幸福に対する貢献を誇大に考えてしまうのです」

そして驚くべきことに、**いったん物質的な富を手に入れると、それを手に入れようと奮闘していたときに比べて精神的にずっと落ちこんでしまう人々がいます。**

出世競争にあけくれている人間は、自分の努力が将来において有益だと思うからこそ、かろうじてバランスを保ち、自分のネガティブな感情にも耐えることができます。

しかし、ひとたび最終目標に到達し、物質的な富では幸せになれないことがわかると、彼を支えてくれるものは何もありません。楽しみにしていたことも、幸せな未来のイメージを描かせてくれるものもなくなってしまい、失望感でいっぱいになってしまうのです。

人は物事の判断をする際、気持ちを大切にすることより物質的なものに焦点をおきがちです。目に見えるもののほうが評価しやすいからです。

富や特権といった数量で測りやすいものを、測る基準のない感情や意義より高く評価してしまうのです。

Think

富や特権に関心を寄せるあまり、あなたの総体的な幸福感が損なわれたように感じたことはありませんか。どのような意味で損なわれたのでしょうか。どうすればそれを変えることができるでしょうか。

Action

「究極の通貨」を稼ぐ

時間を少しとって、あなたが幸せになれると思う活動について考えてみてください。

毎週できることで、あなたに最高の幸せと満足感を与えてくれる活動を5つ選んで、リストをつくってみましょう。

そうした活動をするために、いまきちんと時間を使っているでしょうか。

予定を調整して、幸福という「究極の通貨」を稼げるこうした活動をスケジュール帳に書きこんでください。

リストをつくったら、実際にこれらの活動をするのに週あたりいくらお金がかかるかを見積もってください。

あなたにとって価値がある活動の多くには、じつはお金はかからず、時間以外のものは必要ないということに気がつくかもしれません。

そのリストを冷蔵庫や洗面所の鏡といった目につくところに貼り、何があなたにとって大きな意味をもつことなのかをつねに思い出せるようにしてください。

このリストは、**「究極の通貨」は手の届くところにある**ということを思い出させてくれるはずです。また、実際のお金は快適さを与えてはくれるものの、本当の幸せは世界中のお金を集めても買えないということも実感できると思います。

定期的に、たとえば1年に1回は、リストの見直しをしてください。

「お金に価値があるのは、私たちがお金が過大評価される世界に住んでいるからである」

社会評論家　H・L・メンケン

Week 46

本当の目標を知る

今週、感謝すること

「セルフ・コンコーダント・ゴール（真の欲求に結びついた目標）」とは、心の奥底にある個人的な信念や強い関心から追求される目標のことです。

心理学者のケノン・シェルドンとアンドリュー・エリオットによると、こうした目標は「自らの選択に基づいたもので、自己と一体化している」といいます。目標を自分の欲求に深く根ざしたものと感じるためには、それが義務として課せられるのではなく、自らその目標を選んだと感じられることが必要です。さらにその目標は、他の人に自分を印象づけたいという気持ちからではなく、自己の一部を自ら表現したいという欲求から生まれたものと感じられる必要があります。

この分野の研究では、社会的地位や銀行口座の残高といった外的なメリットから感じる意義と、個人としての成長や他者とのつながりといった内的なメリットから感じる意義との間には、質的な差異があるとされています。

通常、**経済的な目標のほとんどは、自らの欲求に深く根ざしたものではありません。**それは内的要因からではなく、外的要因から生まれています。

自己実現のための目標を見極め、追求することは明らかに有益ですが、それほど簡単なことでもありません。**まず自分が人生で何をしたいのかを知り、次にその欲求に素直になる勇気をもつことが必要です。**

Think

あなたの「セルフ・コンコーダント・ゴール」は何ですか。目標追求の妨げとなる内的、または外的な要因はありますか。

Action

セルフ・コンコーダント・ゴールを設定する

一般に、自分の目標を明確に表現し追求することができる人々は、そうでない人々よりも成功し、より幸せを感じています。

人間関係から仕事まで、人生にとって重要な分野で心の底から本当にしたいと思うことは何か、自分に問いかけてみましょう。

それぞれの分野ごとに次の目標を書きだしてください。

◆長期目標

はっきりとした人生の方向性をもって、1年から30年という長い期間の中で達成したいと思える具体的な目標。ハードルが高く、成長させてくれる目標でなければなりません。長期的な幸せの観点でいうと、あなたが実際に目標を達成できるかどうかはあまり重要ではありません。こうした目標をもついちばんの目的は、いまここを感じながら人生という旅を楽しむ自由を手にすることにあります。

◆短期目標

これは長期目標を達成するために、少しずつ段階分けしたものです。長期目標を達成するために、これからの1年、1カ月、1日、それぞれ何ができるかを書きだしてください。

◆行動計画

実行しようと思う行動をスケジュール帳に書きこんでください。毎週もしくは毎日できる習慣のようなものもあれば、単発の行動も考えられるでしょう。

自分のための明確な目標がなければ、外からの圧力に押し流されて、自分の欲求に根ざした活動をすることはできなくなってしまいます。**外からの要求に受動的に応じていくだけなのか、それとも積極的に自分の人生をつくりあげていくのか、**あなたはよく考える必要があります。

「望ましい環境の中で受動的に生きていくよりも、価値ある活動に熱中して目標に向かって進んでいくことによって、幸福は大きくなる」

心理学者　デイヴィッド・マイヤーズ／エド・ディーナー

Week 47

天職を見つける

今週、感謝すること

心理学者のアブラハム・マズローは、「どんな人にも起こり得る最高の運命、最高にすばらしい幸運は、情熱的にやりたいと思うことをして報酬がもらえることだ」といっています。

ただ、どういった仕事がこの「最高にすばらしい幸運」をもたらすのかを見いだすのは、簡単なことではありません。ここでは、人間と仕事の関係を検証する研究を見てみましょう。

心理学者のエイミー・ヴジェスニエフスキと仲間の研究者たちによると、**人は仕事を「労働」「キャリア」「天職」の3つのうちの1つとしてとらえているといいます。**

「労働」は基本的に退屈なものであり、個人の充足感よりも金銭的な報酬に関心がおかれています。朝、仕事に行くのは「そうしたいから」というよりも、「そうしなければならないから」です。仕事を「労働」ととらえている人たちは、仕事に対して給料以外には、何の期待も抱いていません。そして金曜日の夜や休みを心待ちにしています。

それに対して仕事を「キャリア」ととらえている人たちは、お金や昇進といった外的要因や、権力や特権を獲得することが働くための主な動機となっています。彼らは、出世して職業上の階層を上っていくことを望んでいます。助教授から終身在任権をもつ教授になること、教師から校長になること、副社長から社長になること、編集者のアシスタントから編集長になることを望んでいるのです。

働くことを「天職」と感じている人々にとっては、働くこと自体が目的です。給料や昇進もたしかに重要ですが、**これらの人たちは働きたいから働いている**のです。自己の成長や向上などの内的な動機付けから仕事をし、精神的にたいへん充実しています。彼らの目標は自分の欲求に深く根ざしています。やっていることに情熱をもち、仕事から大きな充足感を得ています。仕事は退屈なことではなく、特権だと考えているのです。

Think

あなたは仕事を「労働」「キャリア」または「天職」のうちのどれととらえていますか。過去の仕事についても同じことを考えてみてください。

Action

MPS質問に答える

次の質問に答えてください。そしてそれぞれの答えに、どういったことが共通してあるかを考えてください。

①「MEANING（意義）」私にとって意義あることは何だろう？　何が私に目的意識を与えてくれるだろう？

②「PLEASURE（楽しみ）」私にとって楽しいことは何だろう？　どういうことをしていると楽しいのだろう？

③「STRENGTH（強み）」私の強みは何だろう？　何が得意だろう？

これらの質問に答えることによって、天職とは何かというマクロな視点で人生をとらえることができると同時に、日々の生活でどうしたいかというミクロな視点でも人生の道のりを考えることができます。

この2つの視点は関連しあっています。

仕事を辞めるなどの大きな変化は急に取り入れることが難しく、勇気が必要とされます。しかし、週に2時間を趣味の時間として確保するといったミクロレベルの変化は取り入れやすいものです。

ミクロレベルの変化でも、幸せという「究極の通貨」をたくさんもたらしてくれるかもしれません。

「働くことから湧き出る喜びを味わいなさい」

作家　ヘンリー・ワーズワース・ロングフェロー

Week 48

気持ちを切りかえる

今週、感謝すること

人は誰でも「幸せをあまり感じられない時期」を経験することがあります。

試験期間を楽しんでいる学生にはあまりお目にかかりませんし、刺激的な職場でさえ、他のプロジェクトと比べてあまり面白くない仕事をしなければならない時期があるでしょう。

しなくてはいけないことをしているときでも、自分から望んで何かをしているときでも、やはり、やっていることに満足できない時期は必ずあります。

しかし幸運なことに、**私たちはこうした時期でも不幸せに過ごさなければならないわけではありません。**

意義のある楽しい活動は、暗い部屋の中で灯されたろうそくのようです。ひとつふたつの小さな灯りが部屋全体を照らしだすように、あまり元気がないときも、ひとつふたつの幸せな活動が全体に大きな影響を及ぼします。

この手のちょっとした、しかし確実に全体に変化をもたらす活動が「ハピネス・ブースター（幸福感増幅行動）」です。

それは数分でできるものもあれば数時間かかるものもありますが、自分の未来と現在に対して意義と楽しさをもたらしてくれる活動です。

Think

あなたにとってのハピネス・ブースターは何ですか。

Action

「ハピネス・ブースター」を習慣化する

1週間分のハピネス・ブースターのリストをつくりましょう。

たとえば家族や友人と一緒に過ごすとか、好きな本を読むとかといった日常的にできる「いつものハピネス・ブースター」と、1週間に1回学校でボランティアをするといった、人生に大きな変化をもたらしてくれるかもしれない「お試しハピネス・ブースター」の両方を考えてみてください。

そして**毎日のスケジュールに何かひとつハピネス・ブースターを組みこんでください。**

毎日ハピネス・ブースターを予定に組みこむことを習慣にしましょう。

「人として得られる、できるだけ多くの喜びと情熱で、あなたの人生を満たしなさい。まずは1つのことをやってみて、その上にさらに経験を積み重ねていくのです」

ヒーラー　マルシア・ウェクスラー

Week
49

深く根を張る

今週、感謝すること

幸福の深さは木の根のようなものです。それは幸せに生きるための変わらぬ要因となる土台を与えてくれます。

幸福の高さはちょうど木の枝のようなものです。その姿は美しく、多くの人が望むものではあるけれど、はかなく、変化し、季節によって葉が落ちたりします。

多くの哲学者や心理学者たちが幸福の根の深さは変わるものなのか、また幸福の高さはあらかじめある程度の高さに収まるように運命づけられているのかということについて考えてきました。

ある人は幸せな気質をもって生まれ、ある人はそうではないというように、幸福にはたしかに遺伝的な要素があります。しかし遺伝子は、厳密な値を決めるものではなく、一定の範囲を示すものです。

白雪姫に出てくる7人の小人のグランピー（おこりんぼ）は、ハッピー（ごきげん）と同じ人生観をもつことはできないかもしれません。生まれつき愚痴をこぼす傾向の強い人は、ポリアンナ物語の少女のような楽天家には変われないかもしれません。しかし私たちはみな、いまよりもずっと幸せになれます。

私たちのほとんどは、もっと幸せになれる能力を生かしきっていないのです。

幸福についての論文の批評でソニア・リュボミルスキー、ケノン・シェルドンおよびデイヴィッド・シュケイドは、**人々の幸福は主として3つの要因によって決定される**としています。

それは「遺伝的に決まっている、幸福に対する感性」「幸福に関連する環境的要因」および「幸福に関連した活動と実践」です。

遺伝的に決まっていることはどうしようもありませんし、まわりの環境を変えるのも難しいことが多いでしょう。しかし「幸福に関連した活動と実践」については、自分でコントロールできます。

リュボミルスキーらによると、この第3のカテゴリーは「持続的に幸福を大きくしていくための最大の機会を提供する」ものです。意義ある楽しい活動は、私たちの人生をよりよいものにしてくれます。

「究極の通貨」を追求することは、繁栄と成長のために永遠に続けることができます。**得られる幸福に限界はありません。**

意義と楽しさの両方を生みだしてくれる仕事や教育、人間関係を継続的に求めつづけることで、私たちはどんどん幸せになっていきます。一時的な高揚感があるけれども、まるで葉が枯れるかのようにすぐに消えてしまう幸福ではなく、深く安定した根をもつ、長く続く幸福を体験できるのです。

Think

人生のどんな経験やどんな人々が、あなたに長期的な幸福をもたらしてくれましたか。

Action

体験を分かちあう

１９８０年代にデイヴィッド・Ｌ・クーパーライダーらは、個人や組織に変化をもたらす画期的なアプローチを紹介しました。それがＡＩ（アプリシアティブ・インクワイアリー）です。

ＡＩは、それ以降、多くの個人や組織の学びと成長のために役立ってきました。ほとんどの教育プログラムやコンサルタントが「うまくいかないこと」に焦点をおいているのに対して、彼らが提唱したＡＩは「うまくいっていること」に焦点をおき、それを強化していく手法です。

ＡＩの「アプリシアティブ」とは、「価値を認め、その価値を高めていく」ことです。

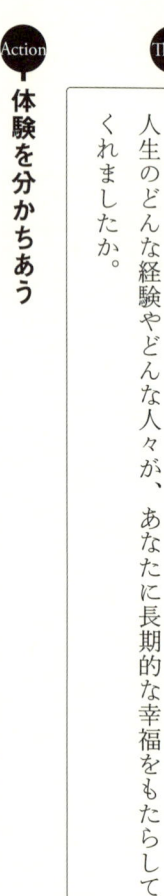

よいことをきちんと評価することで私たちは気分がよくなり、もっとその面を広げていこうとします。「現在」を元気づけるための「過去」を引き出し、よりよい「未来」を創造していくのです。

以下のワークは、パートナーと一緒に、または少人数で行ないましょう。書いたほうがよければ、それでもかまいません。**あなたを幸せにしてくれた過去の出来事を順番に話してみるのです。**

10年前、1カ月前、今日あったことでもかまいません。

それは家族とともに過ごした夕べだったり、仕事のプロジェクトやコンサートだったりするでしょう。それらの行動の何があなたをいい気分にさせたのでしょうか。

他の人々とのつながりを感じたことでしょうか。難しいことに挑戦した達成感でしょうか。それとも心の底から感動したということでしょうか。

次に、あなたがよく知っている人の中で、幸せそうに見える人について考えてみましょう。どうしてその人を幸せそうだと思うのでしょうか。その人から何を学ぶことができるでしょうか。

最後に、あなた自身の体験や、他の人が語ってくれた経験を参考にして、今後どのように活動していけばいいかを考えてみましょう。やろうと決めたことを、紙に書きだしたり、そこにいる人たちに話したりしてみましょう。

「幸福は自分しだいである」

哲学者　アリストテレス

Week 50

心をひらく

今週、感謝すること

幸せになろうとする私たちの能力は、神さまからの贈り物です。自由に幸福を追求する権利を守るために、私たちは社会体制をつくりあげてきました。それでもなお、外的なものでは、「究極の通貨」を追求する際に直面する「最大の障害」を克服することはできません。**その最大の障害とは、人が「自分には幸福になる価値がない」と考えてしまうことです。**

なぜ人は自ら幸せから遠ざかるようなことをしてしまうのでしょうか。作家のマリアン・ウイリアムソンは、このジレンマについて深い洞察を与えてくれます。「私たちが心の奥底でいちばん恐れているのは、能力がないことではありません。

最も恐れていることは、自分には計りしれない力があるということです。私たちは闇ではなく光を恐れているのです。聡明で、風格があり、才能があってすばらしい人間になるとどうなってしまうのだろう、と。しかし、じつはそれが本来のあなたの姿なのです」

幸せな人生を送るためには、自分には幸せになる資格があると感じなくてはいけません。心理学者のナサニエル・ブランデンはこう書いています。

「手に入れたいものがあるのなら、自分にはそれを手に入れ、楽しむ価値があると考えなければならない」

目に見える業績とは関係なく、コアセルフ、つまり自分の本当の姿をきちんと認めなくてはなりません。存在自体のすばらしさを認め、自分には価値があると感じなければなりません。自分の価値を受け入れなければ、才能や可能性、喜び、成功を無視し、過小評価することにやっきになってしまいます。

友人からでも自然からでも、ギフトを受け取るためには、ギフトに対して心をひらかなければなりません。ふたが固くしまった瓶には、どれだけ大量の水を注ごうとも、水は流れ落ちるだけで、決して瓶を満たすことはありません。**人は自分が幸福になる価値があると感じているときのみ、人生の究極の宝物を受け取ることができるのです。**

Think

あなたの幸せをはばむ、内的もしくは外的な要因はありますか。あるとしたら何ですか。

Action

障害を取り除く

あなたの幸せを阻害しているものを取り除き、もっと幸せになるために、231ページの文章完成ワークをしてみましょう。

あまり考えたり分析したりせず、思いつくままに書いてみてください。そうして完成させた文章を1日の終わりや週の終わりに見直し、どのように行動するか決めましょう。

この**文章完成ワークは定期的に続けてください。**この簡単なワークを実践することによって、あなたの洞察や行動に目覚ましい変化が起こるでしょう。

「ほとんどの人は、自分がなろうとしたぶんだけ幸せになれる」

米国16代大統領　エイブラハム・リンカーン

何が心の障害になっている？

私の幸せを妨害しているものは……

もっと幸せに生きていいと、あと5％強く感じるためには……

他人の価値観によって生きることを拒否すれば……

もし私が成功すれば……

幸せになることを自分に許せば……

自分の価値を高く評価すれば……

人生にあと5％多くの幸福をもたらすためには……

わかりはじめてきたことがあります。それは……

それぞれいくつでもいいので直感的に文章を続けてください。この作業はあなたの人生を確実に変えてくれます。

Week 51

未来からいまをながめる

今週、感謝すること

あなたは、いま110歳です。先日タイムマシンが発明され、それを使う最初の人間のひとりに選ばれました。NASAの科学者でもある発明者は、この本を最初に読んだ日にあなたをもどしてくれるそうです。経験豊かな人生の知恵をもったまま、あなたは過去にもどり、若く経験不足の自分自身と15分間過ごすことになりました。**あなたは、若いあなた自身に何を伝えますか。**どんなアドバイスをしますか――。

私がこの設定を考案したのは、精神科医のアーヴィン・D・ヤーロムのガンの末期患者に関するある報告書を読んだのがきっかけでした。

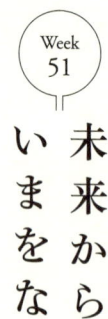

「真正面から死と向き合えば、多くの患者は病気にかかる前よりも、自分のあり方をしっかり意識するようになる。多くの患者が『人生に対する考え方が劇的に変化した』と報告している。

つまらないことで大騒ぎしなくなり、自制心を身につけ、やりたくないことをするのはやめ、家族や近しい友人たちともっと心を開いて話し合うようになる。未来や過去ではなく、完全にいまを生きるようになる。ささいな物事には関心がなくなる一方、すべての存在に心から感謝する気持ちが生まれてくる。季節の移り変わり、落葉、春の息吹、そして人の愛。患者たちが次のように言うのを、私たちは何度聞いたことか。『どうしていままでわからなかったのでしょう。ガンになって初めて、人生がどんなにすばらしいか、そしてどんなふうに一瞬一瞬を大切にしていけばいいかがわかるなんて……』」

人は死に直面して初めて、懸命に人生を生きるようになるということを示すこの論文の中でも最も印象に残ったのは、**死の宣告を受ける以前も、その人たちは**

同じ知恵と能力をもっていたということです。

彼らは病気になる以前も、同じように人生への問いと答えをもち、同じ知的能力と感情をもっていたのです。

病気になって初めてモーゼから十戒を授かったわけではありませんし、ギリシアの賢人から人生の秘訣を聞いたわけでもありません。頭脳や精神を強化する注射を打たれたわけでもありませんし、画期的な自己啓発本を読んだわけでもありません。

以前からもっていた力で、彼らの人生は変わったのです。

それまでは、これだけでは幸せになるには不十分だと思っていた力です。また、**新しい知識を身につけたのではなく、いままでずっと知っていたことにはっきりと気づいただけです。**

それまでは、ただそれを無視したり、気にかけていなかっただけのことなのです。

Think

あなたは自分の中での優先度を見直させるような体験をしたことがありますか。その体験によって新しく得た洞察や知恵を実行に移しましたか。

Action

内なる賢人に尋ねる

前述のワークをしてみましょう。110歳、またはいまの実年齢よりかなり年上の自分を想像してみます。**もっと幸せになるにはどうしたらいいか、現時点ではじめられることを若いときの自分にアドバイスしてみましょう。**

15分かけてノートに書きだしてください。

アドバイスしてもらったことは、できるだけ習慣化して実行しましょう。たとえばそのアドバイスが、家族ともっと一緒に過ごしなさいというものだったら、1週間か2週間に一度は家族で外出するなど、具体的にスケジュールに組みこんでください。

定期的にこのワークを行なってください。

何を書いたか見直し、付け加えたりして、自分は内なる賢人のアドバイスにしたがっているか、自分に問いかけてみてください。

「80歳で生まれて徐々に18歳になっていくことができれば、人生は無限に幸福となるだろう」

作家　マーク・トウェイン

Week 52

全体を振り返って

今週、感謝すること

最後に、この本全体を振り返り、**自分は幸せになるために何を実行したか、何を実行しようとしているか**をまとめてみましょう。

行動や習慣の変化（会議に遅刻しなくなった、パートナーに心をひらくようになった、自分が本当にしたいことを追求するようになったなど）、または考え方の変化（年配の人を高く評価するようになった、自分自身に対して思いやりをもつようになったなど）について整理してみましょう。

そして、その両方について書いてください。

あなたは変化するために、どんなステップを踏みましたか。または踏もうとしていますか。あなたの変化を妨げているものは何ですか。どうすればその障害を克服できると思いますか。

「人生でいちばん大事なことは、結局、知識ではなく行動だ」

生物学者　トマス・ハクスリー

おわりに　宣言文をつくる

この本を最初から詳しく読みなおしてください。そして、あなたが覚えておきたい重要なポイントをいくつか書きだしてみましょう。

それぞれの文章には説明文をつけてください。文章は本から直接とっても、そうでなくてもかまいません。

参考として私自身のリストをあげておきます。

・「ポジティブなこと」に焦点をおく

私はいいことを世界の中に探してつくりあげる「いいこと探しの名人」です。

・自分が人間であることを許す

万有引力の法則を受け入れるように、私は痛みでも喜びでも自分の感情を受け入れます。

・理解し、理解してもらう

本当の自分自身を表現することによって、私はパートナー、家族そして友人との間に、親密な関係を築きます。

・人生は冒険

私は日々の生活に興奮と喜びを感じます。

・共感と思いやりの心をもつ

私は自分自身や他の人に対し、寛大さと親切心をもって行動します。

・失敗して学ぶか、学ぶこと自体に失敗するか

私は失敗や過ちを自然なこととして、また学びと成長のチャンスとして受け入れます。

5個から12個の間で、この宣言文をつくってみてください。本書を読み終えて

からも、何をしつづけるべきか、しっかりと覚えておくのに役立ちます。
できれば毎朝、最低でも1週間に1回は、このリストを読むことを習慣にしてください。

「私は読書し、夜には海岸を何マイルも散歩しました。できの悪い空っぽの詩を書きながら、私の人生を変えてくれる素敵な誰かが暗闇から現れないかと果てしなく探していました。そのときには、その誰かが私自身であるとは、まったく思いもしませんでした」

ジャーナリスト　アンナ・クインドレン

訳者あとがき

タル・ベン・シャハーは、現在、注目を集めている「ポジティブ心理学」の若手の第一人者です。

従来の心理学が、うつなどの病理に焦点をあてるのに対して、ポジティブ心理学は、心の健康、つまり人がよりよく生きるとはどういうことかを真正面から研究する学問です。その研究範囲は広く、楽観性、ポジティブ感情、レジリエンス（逆境からの立ち直り）、幸福、価値観、強み、ポジティブな人間関係、ポジティブな組織開発など、多岐にわたっています。

心理学者マーティン・セリグマンの楽観性の研究からはじまったこのポジティブ心理学は、毎年国際学会が行なわれ、多くの著名な学者が研究に関わっています。また中国では、政府をあげてポジティブ心理学の理論を国策に影響させていこうとしているそうです。

その中でもタル・ベン・シャハーは「幸せ」研究の第一人者です。彼は2002年からハーバード大学でポジティブ心理学のクラスを受け持ちはじめました。最初、学生8名からはじまった彼のゼミは、次の年には一般のクラスとなり、380名の学生が受講を申し込んできました。2006年にはその倍以上の855名の学生が申し込み、名実ともにハーバード大学で人気ナンバーワンの授業となり、多くのメディアでも取り上げられました。この講義は多くの学生の人生を変えたといわれ、まさに「伝説の授業」となっています。

その授業のエッセンスを52講にまとめ、理論とアクションプランを提示したのが、本書です。

彼の理論は、世の中にある多くの自己啓発本とは一線を画し、心理学の多くの研究データと彼自身の経験に裏打ちされています。

16歳という若さで、スカッシュのイスラエル・チャンピオンにまでなったけれど、決して幸せにはならなかった経験。それが彼の「幸せ」を研究する原点となりました。

彼はアリストテレスや孔子の本を読みあさり、大学で哲学・心理学を専攻し、多くの「成功しているけれど、幸せでない」人たちを観察してきました。

そして彼独自の幸せに関する基本原則を体得していきました。それがこの本のなかで、52回の講義のかたちで述べられています。

彼の活動のいちばんの目的は、「象牙の塔の知識を、街なかに」です。つまり、難解な言葉で語られることの多い学術的研究を、一般の人がわかりやすいかたちで提供し、人々が日々の暮らしの中でそれを役立てていけるようにすることです。

本書では、多くの研究を通して得たタル・ベン・シャハーの深い叡智が、誰でもが理解できるような平易な言葉で語られています。彼の教師としてのすばらしさが本からも伝わってくるようです。私自身、この本を翻訳しながら、タル・ベン・シャハーのいう幸せの深い感覚が、自分の内に養われていくようで幸せでした。

現在、「幸せ」という観念は世界的にとても重要になってきています。ブータンという国は、GNP（国民総生産）ではなく、GNH（国民総幸福量）という指標を大切にしています。「もっと、もっと」と外に多くのものを獲得しようとする時代から、心の中に深い幸せの根を張る時代に移ってきているのかもしれません。

この本を手にとっていただいたみなさまも、ここに書いてあることを読むと同時に、著者の提唱するワークを継続して行なっていただければと思います。彼が述べているように、仲間と一緒にするのも習慣化する第一歩になるかもしれません。幸せを語り合うことがあたりまえで、みんながみんなの幸せを応援し合える社会になればいいなと心から思っています。

２０１０年10月

成瀬まゆみ

本作品は小社より二〇一〇年一一月に刊行されました。

タル・ベン・シャハー

ハーバード大学で哲学と心理学を学び、組織行動論で博士号を取得。ハーバード大学で受け持った授業には、1学期あたり約1400名の学生（ハーバード大学全学生の約2割に相当）が殺到し、『ニューヨーク・タイムズ』、『ボストン・グローブ』などで大きく取り上げられた。他の著書に『Q次の2つから生きたい人生を選びなさい ハーバードの人生を変える授業Ⅱ』（大和書房）などがある。

成瀬まゆみ（なるせ・まゆみ）

ポジティブ心理学を応用して、、日々の幸福感をあげ、より豊かな人生を送ることをテーマに、セミナー、個人セッションを行っている。幸福度をあげるiPhoneアプリ「21日間で幸せ力アップ！ハッピーパワー®」の開発者。他の翻訳書として『ザ・ミッション 人生の目的の見つけ方』（ダイヤモンド社）などがある。

だいわ文庫

ハーバードの人生《じんせい》を変《か》える授業《じゅぎょう》

著者 タル・ベン・シャハー
訳者 成瀬《なるせ》まゆみ

二〇一五年一月一五日第一刷発行
二〇一五年二月一五日第三刷発行

発行者 佐藤 靖
発行所 大和《だいわ》書房
東京都文京区関口一－三三－四 〒一一二－〇〇一四
電話 〇三－三二〇三－四五一一

フォーマットデザイン 鈴木成一デザイン室
本文デザイン 森田祥子（TYPEFACE）
本文印刷 信毎書籍印刷
カバー印刷 山一印刷
製本 ナショナル製本

ISBN978-4-479-30516-3
乱丁本・落丁本はお取り替えいたします。
http://www.daiwashobo.co.jp